LÜZZ

CRISTIANE MARCIL

AMOR NO DIVÃ

O destino, o desabafo e as orações de
uma mulher imperfeita em busca do amor perfeito!

Dedico este livro a todas as *doidas*...

Mulheres que reinventam suas histórias e, muitas vezes, são chamadas de teimosas;

Que lutam pelo que acreditam e são chamadas de iludidas;

Que se arriscam e são chamadas de perdidas.

E para todas que, assim como eu, cometeram a insanidade de permitir que nossa coragem, ousadia e verdade fossem aprisionadas dentro de nós — e por nós mesmas.

Este livro, *CRAZY*, é para você!

Nota da autora

WELCOME, AMIGA LEITORA...

CINCO ANOS SE PASSARAM DESDE QUE ESTE LIVRO FOI LANÇADO. Cinco! #ComoAssim? #CadêMinhaPipoca?

E, nesse tempo, tanta coisa aconteceu na minha vida — e, tenho certeza, na sua também. Passamos por perdas, promoções, pressões e pela famosa pandemia. Passamos por alegrias inesperadas, risos de verão, desertos silenciosos, choros escondidos no travesseiro, sorrisos que explodiram sem aviso... e por finais que não estavam nos nossos planos. Mas, não importa o que vivemos... estamos aqui. #Amém

Uma das coisas que mais marcou esse tempo foi o carinho que recebi de vocês, leitoras — mulheres que leram este livro ou me acompanham no Instagram. Mulheres que compartilharam seu coração, suas histórias; que riram, choraram, se emocionaram, se identificaram com os meus erros, com os meus acertos... e me fizeram perceber que eu não era a única "doida" que teve a coragem de seguir o chamado de Deus. E quanta coisa mudou na minha vida! Até na menopausa eu cheguei. #Socorro!

Agora não sou apenas a doida apaixonada no divã... virei menopausada também! Shhhh...

E ainda por cima desenvolvi algumas obsessões nesses últimos cinco anos — como o colágeno! Quase chegando aos cinquenta, compro tudo que tem colágeno: bala de colágeno, café com colágeno, chocolate com colágeno... Se lançarem vela aromática com colágeno, vou comprar também! Agora oro o Salmo 23 assim: "O Senhor é o meu pastor e nada — nem colágeno! — me faltará". #DoidaMenopausada #UngidaNaGelatina

Ainda bem que mudamos o nome do livro! Ele representa muito mais este momento novo da minha vida. Não sei se você percebeu, mas o título *Doida no divã* agora se tornou *Amor no divã*.

Ao ler o último capítulo deste livro — que nunca foi publicado porque ficou escondido na gaveta da minha covardia —, você vai entender direitinho porque a "doida" saiu do divã e deu lugar para o amor nesta nova versão. #NãoValePularProFim

E, falando de amor... é por isso que esta nova edição existe. Ela não é apenas uma reedição, é um ato do meu amor e da minha gratidão por vocês, por aquelas que leram, por aquelas que me acompanham e por aquelas que ainda nem sabem quem eu sou — mas que agora estão aqui, com este livro nas mãos. *Welcome*, amiga! #ThankYou

E mais do que isso: ele é um presente! E como todo bom presente, vem com algumas surpresas. Além do capítulo inédito, quero te convidar a fazer parte do Amigas Book Club.

Quero que você não apenas leia um livro, mas que viva uma experiência transformadora como leitora! Por isso, em cada capítulo, você vai encontrar um presente: um QR Code que vai te levar para um vídeo, um bate-papo comigo, com bastidores das histórias por trás destas páginas.

Também vou compartilhar insights e perguntas para você refletir, aplicar na sua vida — ou, quem sabe, unir suas amigas e criar o seu próprio Book Club.

Leia, reflita, converse... e permita que Deus fale com você entre risadas, lágrimas e revelações.

Muito obrigada por já estar aqui. Por ter este livro nas mãos. Por me dar a honra de compartilhar minha história — e contribuir com a sua.

Oro para que, ao ler estas palavras, você descubra um amor maior do que imagina. Que os meus desabafos se tornem oportunidades para os seus. Que os meus erros sirvam de inspiração para os seus acertos. Que as minhas risadas inspirem as suas. Que o meu choro a ajude a não se sentir sozinha. E que, acima de tudo, este livro te inspire a dizer "SIM" aos planos de Deus para a sua vida, mesmo quando olharem para você e questionarem: "Você está doida?".

Pega a pipoca, prepara o coração e vamos juntas!
Cristiane Marcil

Introdução

SOCORRO! MULHERES À BEIRA DE UM ATAQUE DE NORMALIDADE!

"E conhecereis a verdade,
e a verdade vos libertará."

JOÃO 8:32

VOCÊ GOSTARIA QUE O SEU DIA TIVESSE PELO MENOS MAIS QUATRO horas? Pois é, eu também.

A manhã mal começou e você já está sobressaltada, pensando nas milhares de coisas que precisa fazer: estudo, trabalho, almoço, academia, família, manicure... E como uma mulher evoluída e #BemResolvida que é, não pode se esquecer de cumprir a rotina "milagrosa" da sua manhã! E ao final do dia, mesmo cansada e querendo cama e Netflix, você precisa responder às mensagens recebidas no Text, Zap, Insta, Face... e ainda encontrar energia para colocar os cílios postiços e ir animada ao aniversário da amiga... Ufa!

Essa correria é a vida *normal* de muitas mulheres. Por isso, cheguei à conclusão de que, atualmente, ser uma mulher *normal* é uma insanidade.

Hoje em dia, normal é a mulher já acordar apressada, chegar ao final do dia exausta e ainda se forçar a correr na esteira da academia? Normal é a mulher reclamar do corpo, se comparar com a amiga e comer bolo sem farinha? Normal é a mulher ter mais de quinhentos amigos no Instagram e, muitas vezes, se sentir sozinha?

A mulher moderna tem muitos ganhos para comemorar. Mas acredito que, na luta pelos nossos direitos sociais e políticos, acabamos perdendo alguns direitos no âmbito pessoal que precisamos resgatar. Lutamos pelo direito de trabalhar, mas temos dificuldade de relaxar. Lutamos pela liberdade, mas ficamos reféns da ansiedade. Lutamos para expulsar ditadores, mas nos tornamos nossas próprias tiranas. Lutamos para destruir muros entre países, mas criamos muralhas ao redor do nosso coração.

O que está acontecendo com a nossa geração? Será que nossas avós tinham o segredo da felicidade escondido num papel junto com as receitas de bolo, mas ficamos tão ocupadas tentando conquistar o mundo que esquecemos de olhar dentro da gaveta da cozinha?

Como psicóloga, palestrante e terapeuta, tive o privilégio de trabalhar nas últimas duas décadas (por favor, não faça as contas!) na área de saúde mental e psicologia feminina com mulheres de vários países, principalmente no Brasil e nos Estados Unidos. Fui terapeuta de empresárias bem-sucedidas, que pareciam ter conquistado o mundo, mas choravam em meu consultório, carentes de um abraço. Trabalhei com mulheres inteligentíssimas, que falavam várias línguas, mas não conseguiam se comunicar com seus próprios parceiros. Liderei grupos de terapia para mães ocupadas, que faziam de tudo para os filhos, mas não encontravam dez minutos no dia para relaxar e suprir as próprias necessidades.

Eu me tornei uma expert em mulheres *normais*. Sei exatamente como elas pensam, vivem e, principalmente, o que deixam de viver. Mas o motivo de eu ser uma PhD. em mulheres normais não é só por ser psicóloga clínica, mas porque também já fui uma! #EstamosJuntas

Em vez de ser a mulher livre que eu achava que era, fui me tornando, aos poucos, prisioneira da pressa desenfreada, do perfeccionismo exacerbado, das dietas malucas, da expectativa de quantos *likes* eu recebi em meu último post no Instagram, da constante preocupação com o futuro e, claro, com o meu corpo. Percebia as rugas em meu rosto e desejava urgentemente um botox, mas não percebia o quanto elas precisavam — não de agulhas — de gratidão.

Depois de encher os meus dias — e a minha mente! — com tanta pressa, preocupação e falta de amor próprio, desenvolvi Ansiedade Crônica e Síndrome do Pânico que, aos poucos, foram destruindo minha confiança, meus sonhos e minha verdadeira liberdade. Como se não bastasse, comecei a sentir também a tal da SII (Síndrome do Intestino Irritável). Uma síndrome que irritou não apenas meu intestino, mas me fez soltar puns tão fedidos que irritavam qualquer um que ficasse ao meu lado! #Vergonha

Comecei então a observar que grande parte das mulheres *normais* pode desenvolver três características básicas, que gosto de chamar de os *3Cs das Normais*: elas são *Críticas, Chatas* e *Constipadas*. E cocô nenhum consegue ser feliz num corpo estressado!

Meu maior objetivo ao expor a minha vida de forma rasgada — sem filtros ou máscaras — nas próximas páginas é que você NUNCA faça parte dessa *Gaiola das Normais*, e se liberte de tudo aquilo que tenta estressar seu corpo, aprisionar sua mente e sabotar seu destino. Até porque ter liberdade, mas não se sentir verdadeiramente livre sufoca demais!

Acredito fielmente que nenhuma mulher foi criada para viver aprisionada em sua própria mente — como vivi por tantos anos. Nascemos para ser livres, autênticas e ousadas! Observe uma criança alegre, dançando sem nenhuma preocupação, e você vai reconhecer territórios preciosos que podem ter sido sequestrados pela correria e pelas frustrações da vida! #PegaVocêDeVolta

Se você se identificou com o que falei até agora (pode tirar a parte dos puns!), saiba que não está sozinha. Não é à toa que o Brasil é o país com a maior taxa de pessoas com transtornos de ansiedade e depressão da América Latina. E nós, mulheres, estamos "ganhando" de lavada dos homens: somos duas vezes mais afetadas! Muitas mulheres encontraram o príncipe encantado, mas se sentem aprisionadas e desencantadas dentro de seus palácios. Outras tiveram sucesso na carreira e têm troféus nas mãos, mas se sentem fracassadas por não conseguirem carregar um filho nos braços. E algumas se sentem julgadas por escolherem escrever uma história diferente da esperada — em vez de filho no colo, preferem carregar a mochila nas costas e viajar o mundo; em vez do príncipe, se apaixonam pela princesa...

Cada uma de nós carrega uma história única e pessoal. Mas, muitas vezes, acabamos editando, filtrando ou escondendo partes preciosas dessa história. E como bem disse a escritora Maya Angelou certa vez: "Não tem agonia maior do que esconder uma história dentro de você".

Estamos numa época na qual mostramos para o mundo o sorriso de nossas conquistas, mas escondemos o choro de nossas derrotas. Quantas vezes postei um emoji de coração quando uma amiga colocava uma foto segurando seu bebê no colo, mas escondia meu coração quebrado pela dor que enfrentava com a infertilidade?

Podemos nos esconder atrás de *hashtags* ou tentar editar fotos e partes de nossa história para os outros, mas não podemos escondê-la de nós mesmas. Quando tentamos nos enganar e fingir que tudo está bem quando não está, acabamos escondendo não apenas a verdade por trás de uma situação, mas também nosso potencial de transformação. Só podemos transformar aquilo que, antes, tivermos coragem de assumir!

Para começar uma das grandes revoluções que fiz na minha vida, tive antes que assumir que não aguentava mais aceitar migalhas de amor e dar meu coração de graça para homens que não me valorizavam. E para este livro estar nas suas mãos hoje, precisei assumir que estava cansada de ver meus medos aprisionando estas páginas — por quase DEZ ANOS! — dentro de uma gaveta bagunçada na mesinha lateral do meu quarto.

Foi então que comecei a procurar novos caminhos para me livrar de tudo aquilo que aprisionava o meu valor próprio, emudecia minha coragem e impedia que os meus sonhos corressem livremente como uma criança destemida.

E SE MOISÉS FOSSE MULHER?

Em minha busca para tentar sair da minha *gaiola*, acabei fazendo uma das maiores loucuras que já cometi — até porque o intuito era deixar a normalidade de lado, né?

Essa loucura não apenas transformou completamente a minha vida e me inspirou a escrever a história — totalmente *crazy*! — que vou te contar, mas me fez procurar respostas para minha libertação, não apenas na medicina e na minha área da psicologia, mas em uma Bíblia empoeirada que eu não abria desde os tempos do colégio católico, época em que me revoltei e comecei a acreditar que Deus, Papai Noel e Fada Madrinha eram todos da mesma família encantada!

No início, achei tudo bastante confuso e não entendi muito bem o intuito daquelas alegorias, até que comecei a ler a história de Moisés, considerado um grande líder — para variar barbudo —, que libertou seu povo escravizado no Egito e os liderou à conquista da Terra Prometida. Conhece? Aquele que abriu o Mar Vermelho, do filme *Os dez mandamentos*, sabe?

Tudo bem se você não souber, não conhecer ou não gostar de histórias bíblicas. Você não precisa ser religiosa para usufruir desta leitura. Até porque o que mais me chamou atenção em Moisés não foram os grandiosos milagres que Deus fez por meio dele, mas as pequenezas da sua personalidade. De uma forma inesperada, acabei identificando em suas atitudes os mesmos medos, ansiedades e inseguranças que eu sentia!

E foi então que, ao mergulhar na sabedoria contida nessa antiga história bíblica, passei a compreender mais a fundo a mente da mulher moderna, e me dei a liberdade poética de imaginar como seria se "Moisés fosse Mulher"! Doida, eu? Sim. E #Assumida.

Além de reconhecer minhas próprias inseguranças, acabei observando, nas desculpas que Moisés deu a Deus quando foi chamado para se tornar um grande líder, os mesmos padrões de pensamento que, atualmente, percebo estressar e aprisionar a mente de muitas mulheres. Decidi chamá-los de *3PPs — os 3 Pensamentos Prisioneiros*: *Perfeccionismo*, *Preocupação* e *Procrastinação*.

Identificou alguma dessas palavras como uma das forças escravizadoras de sua vida?

Se a *perfeição* está aprisionando o seu *prazer*,

Se a *preocupação* com o amanhã está roubando, hoje, a sua *paz*,

E se a *procrastinação* está escravizando o seu *potencial*...

Está na hora de descobrir caminhos para se libertar dessas *gaiolas*!

O FATOR C.R.A.S.Y.

Nas próximas páginas, além de contar uma das maiores loucuras que cometi em minha vida, vou compartilhar também, em detalhes, todos os cinco elementos do FATOR C.R.A.S.Y. (sigla formada pelas palavras e atitudes "Cansar", "Reconhecer", "Assumir", "Seguir" e "*Yes*") que podem te ajudar a revolucionar sua mente, transformar a sua vida e conquistar a SUA Terra Prometida — uma vida com muito mais prazer, paz e potencial!

Mas lembre-se de que mesmo compartilhando um pouco de minha vida, partes da fantástica saga de Moisés e a história de algumas doidas com quem tive a honra de trabalhar e conhecer, essa jornada é exclusivamente sua! Você não vai encontrar respostas prontas aqui — e minha intenção nem é essa. Não quero dar uma de "guru" ou expressar verdades absolutas. Quero, sim, inspirar novas conversas e instigar novas perguntas.

Aqui, não expresso minha voz baseada em meus *pedigrees* profissionais, mas em minhas descobertas e dores pessoais. Dores que me levaram a mergulhar fundo em minhas limitações e fraquezas e, nesse processo, acabar descobrindo uma força muito maior do que a minha, que eu não sabia que existia.

Uma força que ajuda a nos libertar de nossas prisões, abrir o oceano de nossa mente e conquistar a nossa merecida Terra Prometida. Uma força que acredito ter colocado este livro em suas mãos e, hoje, te faz uma pergunta:

Você quer se arriscar a ser mais DOIDA ou prefere ficar no conforto de uma gaiola?

Doida

A definição de "doida" que uso neste livro está longe daquela relacionada ao distúrbio mental. Ela foi inspirada em uma das definições de "loucura" que encontramos no dicionário: "Alteração mental caracterizada pelo afastamento dos métodos habituais de pensar e agir de um indivíduo". Se, atualmente, nosso estado habitual é de estresse, depressão e ansiedade, então, minha amiga, eu quero me afastar desse hábito e ser uma "doida" assumida! E você?

1ª PARTE

1.

DE CANSADA A *CRAZY*

"Os que esperam no Senhor renovarão as suas forças..."

ISAÍAS 40:31

"VOCÊ TÁ *DOIDA* DE QUERER FAZER ISSO?!"

Tem um momento em nossa vida que temos de tomar uma decisão: continuar onde estamos ou dar uma de *crazy* e conquistar o lugar que está nos esperando.

No meu caso, para esse momento acontecer, precisei ter a coragem de assumir e dizer:

— CANSEI!

Lembro como se fosse hoje do dia em que falei isso para mim mesma pela primeira vez. Era um sábado de manhã de muito sol. O céu estava azul, sem nenhuma nuvem, sabe? Apesar do calor, havia uma brisa suave entrando pela janela e eu podia sentir, levemente, o cheiro do jasmim que tinha na sacada do meu apartamento.

Mesmo sentindo uma leveza diferente, estava inquieta. Sentia que algo precisava mudar em minha vida. Eu não aguentava mais sonhar com uma história diferente, mas viver todos os dias do mesmo jeito.

Eu estava cansada de viver com pressa e estressada para chegar a um lugar que eu não sabia como encontrar! Estava cansada de sonhar em conquistar novos territórios, mas deixar meu medo me aprisionar no mesmo lugar. Estava cansada de desejar, calada, viver uma grande história de amor, mas gritar aos quatro cantos do mundo que "eu me bastava" e não precisava de ninguém. E estava cansada, também, de procurar na cidade inteira o batom nude que A-M-A-V-A, mas que já tinha saído de linha. #PorqueFazemIsso?

Mal sabia eu que aquela manhã havia chegado para mudar tudo para sempre: eu estava a um passo de transformar minha vida. Comecei a lembrar, aos poucos, da noite anterior: casamento da Paty, altar, festa, buquê, bolinho de queijo, choro... e sonho! Era isso! Meu sonho foi como um convite, o mais louco que recebi na vida. Algo dentro de mim dizia que era a hora de sair da normalidade que estava vivendo, de cometer uma loucura, de voar para outros ares.

Mas pegar um avião? Largar tudo que conheço e conquistei até hoje? Eu estou ficando doida?

Aquele sonho me fez perceber que se eu quisesse transformar a minha vida, precisaria cometer uma loucura!

Muitas vezes, a vontade de mudar e sair da nossa *normalidade* vem de uma voz dentro de nós que não aguenta mais ficar calada, de um choro que cansou de sorrir e de um desejo que não consegue mais se esconder.

Podemos escolher continuar calando nossa voz, educando nossos choros e reprimindo nossos desejos, ou podemos reconhecer que chegou a hora de nos libertar.

O que as pessoas vão pensar de mim se eu for atrás desse sonho? Vão achar que eu fiquei doida, com certeza!

Continuei pensando enquanto escovava os dentes com a mão direita e tirava os cílios postiços com a esquerda.

O PRIMEIRO ELEMENTO DO FATOR C.R.A.S.Y.

Naquela época, eu não tinha a definição de doida que tenho hoje, e não sabia que as pessoas que conseguem transformar sua vida têm algo em comum: em algum momento, foram criticadas ou chamadas de *crazy* por aqueles que se contentam com o conforto de uma vida *normal*: sem muitos riscos, ousadias e loucuras. Mas apesar de todas as críticas, desertos áridos de frustrações e oceanos imensos de medos, elas não desistem de seus verdadeiros sonhos e loucuras. Talvez porque, consciente ou inconscientemente, dominam o que hoje chamo de FATOR C.R.A.S.Y.!

Eu descobri o primeiro elemento do fator sem querer, naquela manhã ensolarada em meu quarto. Trata-se de uma palavra simples, mas muito poderosa, que falei baixinho para mim mesma, ainda com bafinho de quem acabou de acordar. Uma palavra que nos inspira a levantar da cama e caminhar rumo ao nosso verdadeiro destino: cansar.

Isso mesmo. Simples assim! O que me motivou a dar uma de *crazy* e começar a me libertar de minha normalidade e ir em busca de um dos meus maiores sonhos foi ter a coragem de dizer:

— CANSEI!

Existe uma força imensurável no cansaço. Por isso, não precisamos nos sentir "poderosas" ou "preparadas" para mudar algo em nossa vida como muitos pensam (eu também pensava). Para começarmos a caminhar rumo ao destino que nos espera, muitas vezes apenas precisamos perceber que cansamos de ficar no lugar que estamos!

Eu não sei se hoje você está cansada como eu estava naquela manhã, mas, se estiver, não tenha receio de olhar algum aspecto de sua vida e perceber que não aguenta mais ficar nessa situação.

O cansaço não se trata apenas de uma sensação ou de um sentimento. Quando colocado nas mãos de uma mulher *crazy*, se torna um elemento fundamental, que pode revolucionar não apenas uma vida, mas a história de muitas.

A Lei Maria da Penha, por exemplo, que ajuda mulheres no Brasil todo, surgiu de uma mulher que estava cansada. Um dia, a farmacêutica brasileira Maria da Penha se cansou de ser torturada pelo marido que, além de deixá-la paraplégica, tentou matá-la várias vezes. Cansada também de vê-lo impune, decidiu lutar para implantar leis mais duras para proteger a mulher. Assim, em 7 de agosto de 2006, a lei nº 11340 alterou o Código Penal brasileiro, garantindo mais proteção às mulheres contra qualquer tipo de violência doméstica. #MulherGuerreira •

Nos Estados Unidos, o cansaço de outra mulher foi um marco no movimento antirracista. A costureira norte-americana Rosa Parks se cansou de sempre ter que ceder seu lugar no ônibus para as pessoas brancas na época da segregação racial e, um dia, se recusou a ceder o seu assento a um homem branco. Esse ato simples, porém muito corajoso, marcou a época e se tornou o estopim do movimento que foi denominado *Boicote aos ônibus de Montgomery* — e, posteriormente, marcou o início da luta antissegregacionista.

A professora e escritora americana Jeanne Theoharis mostra, em seu livro *The Rebellious Life of Mrs. Rosa Parks* (A Vida Rebelde da Sra. Rosa Parks, não publicado no Brasil), por meio das palavras da própria Rosa Parks, o poder revolucionário do cansaço:

> As pessoas sempre dizem que eu não cedi meu lugar porque estava cansada", explicou Rosa uma vez, "mas isso não é verdade. Eu não estava cansada fisicamente, ou não estava mais cansada do que eu normalmente ficava no final de um dia de trabalho... o único cansaço que eu sentia era o de ceder.

E você, também está cansada de ceder? Está cansada de ceder a sua grandeza e continuar se diminuindo? Está cansada de ceder seus sonhos e continuar vivendo um pesadelo? Está cansada de viver numa *gaiola* e não se arriscar a voar em direção aos seus verdadeiros sonhos, como eu estava?

As histórias de Maria da Penha e Rosa Parks — e de tantas outras mulheres *doidas* — nos ensinam a não subestimar o poder do cansaço, porque não tem força maior para nos impulsionar do que uma mulher realmente cansada de estar no mesmo lugar!

As grandes revoluções de nossas vidas geralmente começam silenciosamente, dentro de nossos quartos. Por isso, como bem disse a poeta inglesa Nikita Gill: *"Nunca cometa o erro de confundir o silêncio com fraqueza. Lembre-se que, às vezes, o ar para bem antes do início do furacão".*

Quando reconhecemos o cansaço, uma coragem imensurável começa a despertar dentro de nós, e é dessa coragem que precisamos para nos libertar de nossas *gaiolas*.

É a mesma coragem de mulheres *doidas*, como Maria da Penha, que nos inspira a lutar por justiça. A mesma de Rosa Parks, que nos empodera para ocupar o lugar que está reservado para nós no ônibus da vida. É a mesma coragem que me fez perceber, naquela manhã, que se eu quisesse cometer a loucura de escrever a história que estava me esperando, precisaria, antes, ter a coragem de virar a página da história que eu estava contando.

AMIGAS®
BOOK CLUB

Agora é o momento de abrir o coração e deixar Deus agir. Use essas perguntas para compartilhar suas histórias, suas lutas e descobertas. Juntas vamos rir, chorar, orar e lembrar que somos filhas mimadas de um Pai que conhece cada detalhe da nossa caminhada.

1. Você já sentiu que estava vivendo dentro de uma prisão invisível?
   Como foi?
2. O que significa para você ser "normal"?
   Essa normalidade te liberta ou te limita?
3. Como a pressão de ser uma mulher forte o tempo todo
   afeta sua saúde emocional?

"Os que esperam no Senhor
renovarão as suas forças..."

ISAÍAS 40:31

2.

ESSA ERA A MINHA HISTÓRIA...

"E lhes darei um coração novo e
porei dentro deles um espírito novo..."

EZEQUIEL 36:26

LEMBRO DA ÉPOCA EM QUE AINDA NÃO ERA CANSADA, ESTRESSADA e ansiosa. Foi lá na infância. Eu era uma criança autêntica e livre, que não perdia a oportunidade de dançar um sambinha e sonhava em ser poderosa como a Mulher-Maravilha. Naquele tempo, não existiam as redes sociais, mas tenho certeza de que, se houvesse, eu mal teria tempo para elas. Estava mais preocupada em desbravar lugares e voar por aí. Cresci em uma grande família e era a caçula de seis irmãos, em São Bernardo do Campo, um município de São Paulo. Minha casa era uma verdadeira bagunça: pai, mãe, quatro irmãos, uma irmã, dois cachorros, um gato, sete peixes e três pintinhos que ganhamos na feira de animais... Ah, e o primo Marcos de Birigui, que ficou um tempo em casa para trabalhar em São Paulo. Já imaginou a bagunça? Lá, todo mundo se metia na vida de todo mundo e os almoços de domingo eram sagrados!

Assim como em muitas famílias típicas brasileiras, quem cuidava da gente enquanto meus pais trabalhavam ou viajavam era a minha avó.

Dona Geny não era moleza, não! Mulher guerreira, conseguiu pagar os estudos de seus três filhos como costureira e boleira e ainda encontrava tempo para ajudar os vizinhos. Educada em uma cultura cristã conservadora, minha vó Geny nos criou com muito carinho, comida, crítica e "Santa Culpa"!

Com uma crença inabalável no poder da oração, era comum vê-la com seu caderninho de orações. Parecia que minha querida avó tinha contato direto com Deus, mas não qualquer Deus. Um Deus forte, atencioso e intrometido que ouvia todas as suas orações e pedidos.

Toda vez que eu fazia alguma coisa errada, como comer o seu famoso bolo de banana antes do jantar, ela dizia:

— Foi você que comeu o bolo, Cristiane? Se você não confessar o que fez, vou orar. E quando eu oro... Deus me escuta!

Nossa, eu morria de medo do Deus da minha avó Geny! Achava que era bravo, crítico, exigente e ouvia tudo o que ela pedia. Quando eu ou minhas primas começávamos a namorar, ela contava a mesma história para preservar a nossa "pureza" e garantir que iríamos casar virgens e não desagradar a Deus. Ela apontava na direção da nossa vagina e falava:

— Toma MUITO cuidado! Essa é uma caixinha sagrada de bom parecer, e não tem carpinteiro que possa refazer!

Lembro que, como caçula de todos os netos, eu ficava aterrorizada e jurava que ninguém NUNCA iria abrir a minha caixinha, mesmo sem entender muito bem o que a minha avó estava tentando dizer. Imagina como essa lição ajudou o desenvolvimento da minha sexualidade! #SóQueNão

Para nos traumatizar ainda mais, Dona Geny dizia que quando uma mulher iniciava a vida sexual, o quadril crescia e todo mundo na vizinhança podia notar que se tratava de uma perdida que abriu a caixinha. Eu, que nasci com o quadril grande, vivia com medo de que alguém pensasse que eu era uma ovelha curvilínea e perdida!

Mas, apesar de sua forma rígida e ríspida de expressar amor, Dona Geny tinha um coração de ouro. Ajudava — e se intrometia — na vida dos netos, filhos e vizinhos. E quando eu ficava brava com esse seu jeito, ela me fazia o bolo de banana que eu amava e todos os seus pecados eram perdoados. #MelhorBoloDoMundo

Mas minha avó me ensinou muito mais do que "fechar a minha caixinha" e "esconder o meu quadril". Dona Geny tinha uma fé inabalável. Acreditava que Deus a amava tanto que se preocupava com todos os detalhes de sua vida.

Um dia, cheguei à casa dela para comer meu bolo de banana preferido e vi, em cima da geladeira, uma vela de sete dias acesa. Antes de fazer qualquer pergunta, ela falou:

— Acendi essa vela para você, Cristiane. Fiz uma promessa para Deus te ajudar a encontrar um homem bom, porque você já vai fazer trinta anos e ainda está solteira. Daqui a pouco vai ter quarenta, não vai ter marido nem filhos e vai acabar como a Dona Mariquinha da minha cidade de Birigui, que ficou louca e morreu sozinha!

Até hoje tenho a impressão de que essa Dona Mariquinha era invenção da minha avó para nos assustar. Tudo de ruim aconteceu com a coitada dessa mulher! Uma hora ela contava a história que a Dona Mariquinha enlouqueceu e morreu sozinha; outra hora, que foi abandonada no altar porque o futuro marido descobriu que ela era uma ovelha desgarrada de quadril largo e caixinha aberta...

E, então, Dona Geny completou:

— E você sabe, minha filha, que quando eu oro, Deus me escuta!

Eu não tinha dúvidas de que alguém escutava e ajudava a minha avó. Só não sabia exatamente se era mesmo esse tal de Deus ou se ela era uma espiã que falava russo e fazia parte de alguma máfia ou organização secreta!

Queria dizer que minha avó estava exagerando, mas, na verdade, eu mesma estava um pouco desesperada. Não por causa da idade — isso não tem nada a ver —, mas porque desejava muito encontrar o homem certo e não aguentava mais me decepcionar com os errados.

Naquela época, eu trabalhava demais. Tomava melatonina para dormir, litros de café para acordar, antidepressivo para acalmar e relaxante para... #VocêSabe. Para o mundo, eu aparentava ser uma mulher independente que se preocupava com a carreira e não precisava de homem nenhum!

Eu não entendia por que eu só atraía homens errados que falavam as coisas certas. Rodrigo, com quem namorei por sete anos e, desde o primeiro dia, não caiu nas graças da Dona Geny, falava tudo o que eu queria escutar, mas, na hora de tomar uma atitude, de assumir um relacionamento: NADA. Como isso doía! O pior é que o fato de ele não querer casar me fazia acreditar que havia algo de errado comigo.

Será que sou muito focada em minha carreira profissional e homem não gosta de mulher determinada e independente?

No dia seguinte ao nosso término, fiz o que muitas mulheres fazem para esquecer suas frustrações: marquei um horário com a Dalva. Não, ela não era a minha terapeuta, era a minha manicure preferida! Nada melhor depois de terminar um relacionamento do que desabafar fazendo o pé e a mão. Não acha? #TerapiaFeminina

CLUBE DAS #MEBASTO

Depois que terminei o relacionamento com o Rodrigo, fiquei um pouco perdida. Sempre havia namorado com ele — desde os quinze — e precisava me adaptar a uma nova fase. Foi então que, com o coração cheio de esperança e com as pernas tremendo, aceitei ir à minha primeira festa com minhas amigas da faculdade. E foi lá que conheci o Binho.

Quando olhei para ele, vi tudo o que eu queria em um homem: braços fortes, alto, bonito, sorriso inesquecível... Acabamos ficando naquela noite e a história rendeu! Binho era mesmo tudo o que eu queria em um homem. Ele me tratava com delicadeza, mas cheio de paixão, sabe?

Até o dia em que o convidei para me encontrar em um barzinho em que estava com umas amigas. Chegando lá, conheci a Tati, uma das colegas de minha amiga Isa, que cursava Direito. Ela era uma mulher tão divertida que em cinco minutos já estávamos rindo juntas. Conversa vai, conversa vem, Tati me contou do cara que conheceu na noite anterior: moreno, alto e com um tanquinho de matar!

— Qual o nome desse seu príncipe encantado com o tanquinho enxuto? — perguntei.

— Binho — respondeu.

Logo caí na risada, né?

— Que coincidência! Eu também estou saindo com um Binho! E, olha, deve ser coisa de nome, pois ele também é sarado como o seu. Logo ele estará aqui.

Entre bate-papo, risadas e algumas porções de frango com catupiry, Tati e eu parecíamos amigas de infância.

De repente, avisto meu muso Binho entrando no boteco e comento com as meninas, incluindo a Tati. Ela dá uma risada nervosa e me pega pelo braço:

— Esse é o cara com quem eu fiquei ontem!

Achei que fosse desmaiar naquele momento. Não era possível! Olhei para a cara do Binho e ele estava branco como um fantasma. Sem pensar duas vezes, marchei em sua direção, como se a força do caminhar dos meus pés pudesse tirar aquela tempestade da minha cabeça.

— Você conhece a Tati?

Gaguejando, ele respondeu:

— Não. Nunca a vi.

— Tem certeza, Binho?

Na mesma hora em que fiz a pergunta, Tati se aproximou:

— Oi, Binho, tudo bem? Não lembra de mim? Não lembra da festa de ontem? A gente conversou a noite toda. Aliás, não só conversamos como fomos embora juntos, né?

— Você está me confundindo com outra pessoa. Nunca te vi — rebateu o cara de pau.

Foi aí que a Tati pegou o celular e me mostrou as ligações recebidas e apertou para ligar de volta. Adivinha? O celular de Binho começou a tocar. Não havia dúvidas. O Binho da Tati era também o meu Binho.

Sem vergonha!!!!!!!!!!!!!!!!!!!!!!!!

Fiquei em choque. Por que não conseguia encontrar ninguém que me valorizasse? O que tinha de errado comigo? Em vez de culpá-lo, cometi a insanidade de procurar problema em mim! Foi aí que decidi entrar no clube das #MeBasto. Não seria mais enganada. Chega!

— Chega dessa palhaçada de querer encontrar o grande amor da minha vida — disse para mim mesma. #NuncaMais #XôBinho

E para a tristeza da minha avó, que rezava para eu não acabar encalhada como a Dona Mariquinha, decidi focar em minha carreira de psicóloga e escritora e cheguei à conclusão de que essa história de encontrar o grande amor da vida era coisa de conto de fadas ou de mulher iludida. Passei a gritar pelos quatro cantos do mundo:

— #MeBasto!

Sabe quando você chega a um ponto da vida que parece ser melhor viver com a dor de desistir de um sonho do que com o medo de que ele nunca se realize?

Parei de procurar o homem certo e comecei a curtir os errados. E nessa nova fase, conheci a Paty, que, assim como eu, gritava ao mundo que se bastava. Ah, que fase divertida! A gente saía toda semana, planejava as viagens — do Carnaval ao Ano-Novo — com antecedência, pois só tínhamos compromisso com nossas carreiras, viagens, academia, baladas e assistir a *Sex and the City*. Não tinha nada mais terapêutico naquela época do que acompanhar as aventuras de Carrie, que abria seu coração — e sua "caixinha" — com a esperança de encontrar o amor de sua vida.

Mas mesmo me divertindo muito com a Paty no clube das #MeBasto, só eu sabia que a mulher que eu mostrava para o mundo não era a mesma que, à noite, chorava molhando a fronha do travesseiro numa cama vazia por se sentir sozinha.

Essa máscara dá certo até você estar diante de uma mulher como a Dona Geny, que fala que tem contato direto com esse tal de Deus e cheira mentira à distância...

AS TARDES COM DONA GENY

— Vó, estou muito feliz assim. Não quero encontrar homem nenhum. Eu #MeBasto!

Essa foi a resposta que eu dei à minha avó enquanto me acabava de comer o delicioso bolo de banana e, claro, imaginava quantas calorias extras estava ingerindo. #MulherEstressada

— Minha filha, você pode mentir para mim e para você, mas não para Deus! Você sempre foi uma menina romântica que gosta de namorar. Depois que você terminou com aquele Rodrigo (Graças a Deus!), fica aí trabalhando igual uma louca e saindo com essa tal de Paty, que tenho certeza que é uma perdida, viu? Aquele quadril largo dela não me engana, não.

Apesar de todo o seu criticismo, Geny sempre foi um exemplo para mim, não só por sua história, mas por uma fé inabalável que não apenas a ajudou a vencer as dificuldades da vida, mas a vencer a batalha que lutou por vinte anos contra o câncer. Toda vez que o médico dava um diagnóstico ruim, ela falava:

— Não vou morrer agora, não, doutor! Já falei com Deus e expliquei que não posso perder o casamento de minha neta caçula.

O médico até desistiu de dar diagnóstico. Ele dizia que era melhor perguntar para o "Deus da Dona Geny".

Ao mesmo tempo que eu tinha medo desse Deus e duvidava de sua existência, tinha certa fascinação por Ele — e, principalmente, pela audácia de minha avó em conversar com Deus como se fosse um pai ou uma amiga que estava sempre ao lado dela.

— Vó, o que você faz para Deus te escutar e te ajudar?

— É simples: abro a boca e falo com Ele.

— E depois?

— Entrego a Ele os problemas que não consigo resolver e deixo que resolva.

— Você não acha essa atitude muito passiva? Não é melhor fazer o que precisa ser feito em vez de ficar incomodando Deus?

— Se você soubesse exatamente o que fazer, não precisaria pedir ajuda a Deus. Há coisas na vida, Cristiane, que estão acima de nossa capacidade. Se você não sabe como escrever uma parte da sua história, é melhor passar a caneta para o Autor da vida, não acha?

Na época, não imaginava que essa conversa que tive com minha avó, numa tarde assistindo a *Vale a pena ver de novo*, seria o estopim que me impulsionaria, um mês depois, a acordar naquela manhã de sábado e cometer a loucura que revolucionou a minha vida.

Naquele dia, saí da casa da Dona Geny com um pedaço de bolo de banana na mão e uma pergunta na cabeça:

Será que se eu orar, Deus também me escuta?

AMIGAS®
BOOK CLUB

Agora é o momento de abrir o coração e deixar Deus agir. Use essas perguntas para compartilhar suas histórias, suas lutas e descobertas. Juntas vamos rir, chorar, orar e lembrar que somos filhas mimadas de um Pai que conhece cada detalhe da nossa caminhada.

1. Se sua história fosse um livro, qual capítulo você gostaria de "rasgar"?
2. Até que ponto o passado define quem somos?
3. Que nova página você gostaria de escrever na sua vida hoje?

"E lhes darei um coração novo e porei dentro deles um espírito novo..."

EZEQUIEL 36:26

3.

QUEM VAI ESCREVER O MEU PRÓXIMO CAPÍTULO?

"'Pois sou eu que conheço os planos que tenho para vocês', diz o Senhor, 'planos de fazê-los prosperar [...].'"

JEREMIAS 29:11

A DÚVIDA SE DEUS REALMENTE PODIA ME OUVIR RONDOU minha cabeça por vários dias. Não sei você, mas, para mim, era difícil acreditar em uma força maior que me escuta, resolve meus problemas e ainda me ajuda a escrever minha história de vida.

Aprendi a lutar por meus objetivos sem depender de ninguém, sabe? Não só cresci assistindo na televisão a modelos de mulheres poderosas, como a Mulher Biônica, a Mulher-Maravilha e as Panteras, como fui criada por uma mãe que trabalhou duro para vencer na vida e parecia fazer tudo sozinha.

Aliás, minha mãe, mais conhecida como Dona Cleide, por ser a filha do meio da Dona Geny, veio de uma família muito humilde do interior e teve também como sua vizinha, em Birigui, a coitada da Dona Mariquinha! Ela começou a trabalhar como professora em uma escola pública até abrir sua própria escola, em 1974. Ela sempre sonhou com isso, pois acreditava no poder da educação, além de ter o sonho de dar uma casa própria aos seus pais, que sempre viveram de aluguel.

Mas por que estou te contando isso? Porque Dona Cleide precisou praticamente se transformar em uma heroína para conseguir trabalhar o dia inteiro na escola, que era nos fundos da nossa casa, e ainda cuidar da família. Nos primeiros anos, ela teve que desenvolver superpoderes! Era a diretora, a professora, a porteira, a faxineira e a motorista escolar. E, claro, tudo isso sem deixar de ser mãe e esposa, e ainda encontrar tempo para cuidar de cachorros abandonados.

Lembro que quando tinha oito anos, meus pais começaram a investir tanto na escola que não tinham dinheiro nem para comprar presentes de Natal para os seis filhos. Naquele ano, eu sonhava em ganhar do Papai Noel uma boneca chamada Bilu Bilu. Minha mãe me levou para uma das salas da escola, encostou nas cadeiras onde os alunos se sentavam e falou:

— Cris, o Papai Noel não pode dar o presente que você pediu, mas ele te deu a nossa família e essas cadeiras para os novos alunos sentarem.

Fiquei tão chateada com o "bom" velhinho que pensei:

Que cara mais chato esse Papai Noel! Como ele pode não dar a minha boneca Bilu Bilu e achar que eu vou gostar dessas cadeiras?

Mesmo sendo um momento difícil para uma criança, aprendi sobre o poder do sacrifício e do trabalho duro. Trabalho esse que, depois de muitos anos, transformou a "escolinha" que começou no fundo de minha casa em uma das escolas particulares mais respeitadas e conhecidas de nossa cidade, com mais de três mil alunos!

Dona Cleide foi minha inspiração! E, com o modelo de mulher forte e independente que tive, acordar um dia e perceber que minhas forças não eram suficientes para me libertar da servidão mental em que vivia, encontrar meu grande amor e transformar a minha vida foi muito difícil. Até porque eu nunca vi uma heroína se render. Você já?

Fora que batalhei muito para crescer e me destacar na carreira. Decidi ser escritora aos doze anos. Lembro que escrevi um livro para uma amiga de infância e, no final, desenhei (bem mal) o meu rosto e escrevi: "Guarde este livrinho porque um dia vou ser uma escritora de verdade". Até hoje ela tem esse livrinho!

Aos 22 anos, depois de bater na porta de várias editoras e receber muitos educados "nãos", consegui publicar meu primeiro livro! Se foi um sucesso? O livro chegou na lista dos "best friends", isto é, somente os meus amigos compraram!

Lembro que implorei para o sr. Antônio, dono de uma livraria perto da minha faculdade, colocar o livro na estante principal. Não adiantou muito. Eu fiquei com tanta vergonha por ele não conseguir vender nada que comecei a dar dinheiro para algumas amigas passarem lá e comprarem.

Toda vez que ele me via, dava aquele sorriso de vitória, levantava o dedo polegar e falava:

— Menina, seu livro é um sucesso!

Depois de experimentar o meu grande sucesso como escritora aos olhos do sr. Antônio e meu primeiro fracasso de vendas aos olhos de todo o resto do mundo, fiquei tão decepcionada que decidi que nunca mais escreveria. Até que, no final da faculdade de psicologia, conversando com uma terapeuta e contando sobre a minha decepção, ela perguntou:

— O que você sente quando escreve, Cristiane?

— Eu amo! Eu me sinto livre! Mas parei de escrever porque quase ninguém leu o meu livro.

— Que tal fazer uma promessa hoje? Prometa que nunca mais vai deixar ninguém te tirar essa liberdade, inclusive você mesma!

Naquele dia, percebi que, no meu caso, ou eu escrevo ou me escravizo! E fiz a promessa de continuar fazendo o que amo, mesmo não conseguindo publicar nada...

Naquela época, minha carreira de escritora estava um fracasso, mas eu estava me divertindo muito com a Paty na minha vida de solteira. Não vou negar que parecia curva de rio: só atraía tranqueira! E quando beijava um sapo bonitinho que achava ser príncipe, acontecia uma mágica: ele literalmente sumia!

Até que, em um belo dia, enquanto fazia um curso de terapia cognitiva na Universidade de Harvard, em Boston, nos Estados Unidos, comecei a escrever num guardanapo de papel amassado, sentada num *coffee shop* tomando um cappuccino, os dramas e as alegrias que passava no clube das #MeBasto. Mal sabia eu que, naquele guardanapo, estavam os primeiros rascunhos de uma comédia sobre uma mulher solteira que abria o coração em uma sessão de terapia, chamada *Divas no Divã*, que escrevi, produzi e atuei.

Cheguei a pedir dinheiro emprestado ao meu irmão para alugar um teatro em Mogi das Cruzes, na Grande São Paulo, por apenas um final de semana, e, de uma forma inimaginável, *Divas no Divã* se tornou uma das peças femininas mais conhecidas do Brasil e ficou em cartaz por quase quinze anos! E acabou também se transformando em livro, e para o meu alívio — e alegria do sr. Antônio —, chegou à lista dos mais vendidos!

Com todo esse sucesso inesperado, fui convidada a passar minha mensagem sobre "o universo feminino" em colunas de jornais, revistas, programas de rádio e televisão do Brasil inteiro! Com tudo que vivi nessa fase, aprendi uma lição que carrego comigo sempre: jamais subestime uma ideia escrita num guardanapo de papel amassado!

Por isso, se você tem um sonho escrito no quadro de sua mente — ou num pedaço de papel —, não desvalorize ou subestime a sua capacidade de realizá-lo. Nos estágios iniciais de um sonho, a primeira pessoa que vai ouvir a sua ideia é você mesma! Então, procure não se criticar ou se diminuir: deixe esse trabalho para os outros. O mundo já faz isso muito bem, não é? O seu único papel é se permitir continuar sonhando e ter a coragem de escrever as primeiras palavras da história que deseja viver...

DOS PALCOS AO FUNDO DO POÇO

Depois dos primeiros cinco anos, *Divas no Divã* continuou fazendo as plateias rirem pelo Brasil inteiro com outras atrizes, mas, nos bastidores, o meu drama pessoal começou. A Diva aqui saiu do Divã e eu fui dos palcos ao fundo do poço. E, chegando lá, não conseguia encontrar uma mola que me impulsionasse para cima!

Trabalhava sem parar. Vivia apressada para não chegar atrasada, estressada para não errar, preocupada com o que poderia acontecer e ansiosa para receber a ligação daquele cara que eu jurei que nunca mais queria ver! #MulherCarente

Para piorar, comecei a ter Síndrome do Pânico numa época em que quase nenhum especialista, nem eu, compreendia muito bem esse problema. Mas se você perguntasse como eu estava me sentindo naquela época, eu diria: "Estou ótima e focada em minha vida profissional. Não quero me relacionar sério com ninguém. Estou muito bem-resolvida!".

Até o dia que percebi que esse "momento" estava longo demais, e eu não estava me sentindo ótima e muito menos bem-resolvida, como dizia.

Estava solteira (mas desejava amar), sorria (mas queria chorar), aparentava estar em paz (mas vivia com pânico!). Parecia que meus verdadeiros sentimentos estavam presos entre parênteses numa história que eu não estava feliz em viver.

Aparentemente, eu era uma mulher jovem e bem-sucedida, mas depois que os holofotes do teatro se apagavam, voltava aos bastidores da minha vida me sentindo estressada, ansiosa e sozinha. Mas eu não era a única mulher a me sentir assim naquela época e, infelizmente, até hoje, muitas mulheres se sentem frustradas, estressadas, ansiosas e — pior — acreditando que viver assim é *normal*!

A bioquímica e nutricionista australiana dra. Libby Weaver chama esse mal de Síndrome da Mulher Apressada, e destaca, em seu livro *Rushing Woman's Syndrome* (não publicado no Brasil):

> As mulheres hoje em dia estão sempre aceleradas e cansadas. Cansadas e aceleradas. Estão sempre se sentindo na urgência, com a percepção de que não têm tempo o suficiente no dia para terminar a lista enorme de coisas para fazer. Em vez de diminuir o ritmo, elas querem dias mais longos para "darem conta" de tudo. E isso está afetando fortemente a saúde da mulher.

O que a dra. Libby chama de Síndrome da Mulher Apressada eu chamo de Síndrome da Dona Olga. A Dona Olga é aquela vizinha apressada e estressada que a gente ouviu dizer que, tempos depois, acabou virando uma velha louca — no sentido literal da palavra — e depressiva!

Lembro muito bem da Dona Olga da minha rua: estava sempre com pressa, lavando o quintal da casa, com o cabelo amarrado com um elástico de meia e reclamando dos vizinhos. Os meninos da vizinhança juravam que ela era a principal culpada quando alguma coisa ruim acontecia por lá. Ela era uma mistura de Bruxa do 71 com o homem do saco, sabe? A gente passava na frente da casa dela com um pacote de sal grosso debaixo de um braço e um maço de arruda debaixo do outro.

O mais triste é que, se não tomarmos cuidado, teremos um número altíssimo de mulheres com essa síndrome, andando pelas ruas estressadas, com o cabelo amarrado como o da minha vizinha por não encontrarem tempo para relaxar, nem fazer uma escova ou hidratação nos cabelos! #NinguémMerece.

Quando procurava caminhos para me libertar dessa *prisão*, encontrei muitos livros e palestras que prometiam me ensinar o segredo do PODER pessoal para conquistar meus objetivos, mas tive dificuldade de encontrar alguém que me ensinasse a sentir PAZ com as minhas conquistas.

Aprendi técnicas para aumentar minha PERFORMANCE e fazer muito mais do que eu achava que era capaz, mas não encontrei nenhum curso que me ajudasse a sentir mais PRAZER naquilo que faço.

Cansei de participar de workshops que prometiam me fazer atingir o meu *best self* (o melhor de mim) corrigindo o que eu tinha de pior! A sensação é que me viam como um "projeto inacabado", que precisava urgentemente aumentar a autoestima ou curar a coitadinha da minha criança interior. Mas tive dificuldade de encontrar algo que me ajudasse a VALORIZAR A MULHER QUE VERDADEIRAMENTE SOU! — incluindo não apenas minhas capacidades, mas minhas chatices, caretices e celulites.

Lembro que cheguei a perder a esperança e questionar:

Será que vou conseguir me libertar dessa ansiedade e viver com mais paz e menos pânico? Será que um dia vou encontrar o grande amor da minha vida ou vou continuar me sentindo mal-amada?

Para mim, assumir que eu queria ter uma família — marido, filhos, cachorro e resto de biscoito de polvilho no chão da van azul — era praticamente assumir minha fraqueza. Não sei se você já sentiu isso.

Além das desculpas que dava para fugir do amor, como estar focada no trabalho — mesmo que, dentro de mim, eu quisesse muito encontrar alguém — ter um grande exemplo de homem em casa dificultava ainda mais as coisas.

Meu pai, o sr. Omar, era meu modelo de homem! Trabalhador, marido dedicado, pai alegre, divertido e muito carinhoso, principalmente com as "princesas" da casa: eu e minha irmã. Meu pai era a caricatura do Don Juan, o romântico amante latino, mas sem a infidelidade! Ele expressava o amor com flores, beijos e abraços em público.

Tinha uma alegria rasgada e um amor por sua família que atravessava fronteiras. Ele não media esforços para expressar seus sentimentos e cuidado com cada um de seus seis filhos. Todos os dias — sem exagero —, às 19 horas, ele ligava para todos os filhos e fazia sempre a mesma pergunta:

— Oi, Cristianinha, aqui é o papai. Como você está? Feliz? É só isso que me importa.

Nas festas de família, ele adorava falar alto assim que via minha irmã ou eu:

— Gente, olha como minhas filhas são lindas! Também, né?... Fui eu que fiz!

"Fui eu que fiz!", essa era a frase famosa do meu pai para expressar o seu amor e orgulho pelos seus filhos.

Meu pai era o típico homem brasileiro: além de amar a família, era fã de festa, samba, comida e de seu time de futebol, o Corinthians. Aos domingos, ninguém podia mudar o canal da TV! Era o dia do sr. Omar assistir ao seu sagrado jogo de futebol. Nos dias de jogo, ele sempre me chamava:

— Vem aqui, Cristianinha, senta ao lado do papai para assistir ao jogo e dar sorte para o timão!

Em minha mente egocêntrica de criança, eu realmente acreditava que quando o Coringão fazia um gol, era porque eu tinha assistido ao jogo ao lado do meu pai. #Timão #SemDesculpas

Por ter esse exemplo de pai, sonhava em encontrar um homem assim, que expressasse seu amor de forma rasgada.

Mas, por meu coração ter sido machucado por homens que não eram exemplares como o sr. Omar, comecei a acreditar que jamais poderia ter o grande amor com que sonhava. Portanto, era melhor fingir que eu não queria! #MulherComplicada

Até que, em um belo dia, recebi um telefonema que me fez assumir o que eu mais escondia e perceber que não estava sendo bem-sucedida em escrever alguns capítulos da minha história de vida. Um telefonema que me inspirou a testar pela primeira vez a existência do Deus da minha avó Geny...

AMIGAS®
BOOK CLUB

Agora é o momento de abrir o coração e deixar Deus agir. Use essas perguntas para compartilhar suas histórias, suas lutas e descobertas. Juntas vamos rir, chorar, orar e lembrar que somos filhas mimadas de um Pai que conhece cada detalhe da nossa caminhada.

1. Você sente que está no controle da sua história ou vive como coadjuvante?
2. Qual decisão recente te aproximou da mulher que você deseja ser?
3. Como deixar de terceirizar o rumo da sua vida?

"'Pois sou eu que conheço os planos que tenho para vocês', diz o Senhor, 'planos de fazê-los prosperar [...].'"

JEREMIAS 29:11

4.

DEUS, DESTINO, OU EU TÔ DOIDA?

"Confia no Senhor de todo o teu coração e não te estribes no teu próprio entendimento."
PROVÉRBIOS 3:5

— CRIS, É A PATY. TENHO UMA NOTÍCIA PARA TE DAR... VOU CASAR!

— Como assim?! Mês passado foi a Roberta, e agora é você?! Mas o namoro começou a ficar sério mesmo há tão pouco tempo. Não acha que está se precipitando? Eu me preocupo com o seu futuro, Paty.

Mesmo dando uma de uma amiga preocupada com o destino dela, dentro de mim, a verdadeira dúvida era:

E EU, Paty?! E nossos planos de solteira? Quem vai viajar comigo no Ano-Novo e dividir o valor da pousada em Floripa? Você fazia parte do clube das #MeBasto e agora vai casar e me abandonar!?

CLARO que não falei isso para ela, né?! Não conta para ninguém o que vou falar, mas não tem nada pior para acabar com a autoestima de uma mulher solteira-à-paisana — aquela que quer, secretamente, casar, mas jura que está feliz sozinha! — do que quando sua melhor amiga de balada, viagem e convicções se casa. #InvejaSecreta

Quando o casamento da Paty chegou, mal sabia eu que chegaria, também, um dos momentos mais definitivos de minha vida...

Lá estava eu no altar, como madrinha, junto do meu irmão e, ao meu lado, o primo baixinho e esquisito do noivo. *Caramba, não podia ser um bonitão?!* E, quando a música romântica começou a tocar, não consegui conter as lágrimas. Chorei tanto — de alegria por ela e de tristeza por mim — que nem a maquiagem cara que eu tinha pagado conseguiu resistir! Parecia cena dramática de final de novela das nove, sabe? Acho que os convidados acharam que eu estava confundindo o casamento com um funeral ou que era a amante secreta do noivo! #Vexame

Enquanto assistia de perto à minha amiga Paty — lindíssima! — falando seus votos de amor, além de recordar com nostalgia os momentos divertidos e inesquecíveis que vivemos juntas, não conseguia barrar a endoidecida garota romântica em mim que sonhava com o dia do meu casamento: que modelo de vestido usaria, que flores escolheria...

Minha mente foi para o futuro e voltou diversas vezes. Pensei em quem convidaria para ser madrinha e padrinho e quais passos de dança eu e o meu "grande amor" faríamos ao som da música "Your Song", do Elton John. Gente, como eu amo essa música!

Paaaaara de pensar besteira, Cristiane! Foca no pai do noivo que está coçando a orelha direita para você parar de dar vexame na igreja!

Quando a festa de casamento começou, fui metralhada com aquela perguntinha básica — e IRRITANTE! — que a maioria das pessoas faz para as mulheres solteiras.

— E você, hein, Cris, quando vai casar?

Uma hora era o Junior, o irmão chato do noivo, com quem tive o desgosto de ter um encontro às cegas. Aliás, nunca ouvi um homem falar tanta bobagem a ponto de me fazer desejar ser surda num encontro às cegas! Outra hora, era a mãe da Paty, que TODA VEZ que me via, falava:

— Você é uma menina tão bacana. Por que será que ainda não encontrou ninguém? Daqui a pouco é hora do buquê, hein?

Aiiiii, que preguiça da hora do buquê! Um monte de mulheres lutando para pegar e todos notando as "solteiras-desesperadas-à-procura". Sério, por que os homens não jogam um buquê ou a gravata também, né? Cadê a igualdade de gêneros nessas horas?!

E quando tentava me livrar de todo mundo, fingindo que fumava só para sair um pouco do salão, encontrava uma revista feminina de 1999 jogada na mesinha do lobby com a matéria de capa: "Descubra os três segredos para atrair a sua alma gêmea". Que coisa mais chata! Você já viu revista masculina com chamadas de capa desse tipo? Como isso me irrita!

Fora que falar que está solteira é, basicamente, abrir a porta para uma chuva de conselhos do tipo: "Fica firme, vai aparecer alguém!",

"Poxa, tadinha! Não conseguiu encontrar ninguém depois que terminou com aquele Rodrigo que a enrolou por sete anos. O que será que ela tem?". É como se a mulher solteira tivesse algum problema e precisasse de ajuda. Já o homem solteiro não se casou apenas porque ainda não encontrou alguém! #PuroMachismo

Com toda essa encheção, em vez de me abrir para a possibilidade de conhecer alguém especial naquela festa, coloquei a máscara da mulher #MeBasto e acabei na pista com Dona Cida, aquela tia bêbada da noiva que dança com todos os arrozes de festa e começa a pular em cima da mesa quando a banda toca *La Bamba*. Sabe?

Que bom que naquela época não existia Instagram, Snapchat ou Facebook, e, depois do casamento, minha "autoestima virtual" não foi bombardeada com vídeos da Dona Cida bêbada e de mim com a maquiagem toda borrada dançando em cima da mesa e cantando *La Bamba* com uma taça de vinho na mão. E muito menos fotos da Paty em formato de coração em sua lua de mel em Punta Cana me fazendo lembrar — de novo! — que mais uma amiga casou, menos eu!

O DIA QUE COMEÇOU A MUDAR O RESTO DA MINHA VIDA

Quando cheguei em casa depois do casamento da Paty, mesmo feliz por ela, estava muito triste por estar sozinha. Não aguentei e comecei a chorar de novo. Mas foi um choro diferente.

Um choro que estava cansado de sorrir.

Um choro que estava cansado de fingir.

Um choro que estava pronto para explodir.

Foi então que, muitos anos depois, deixei minhas lágrimas livres para chorar — e gritar!

Sem ter a compreensão que tenho hoje, naquele momento, utilizei o primeiro elemento do FATOR C.R.A.S.Y. e tive a coragem de dizer para mim mesma em alto e bom som:

— *CANSEI!!!*

Logo minha querida vó Geny veio à minha mente.

Talvez ela tenha razão e existam coisas em nossa vida que não podemos solucionar sozinhas. Sou grata por tudo que batalhei e conquis-

tei em minha carreira, mas não dá mais para negar que, em minha vida pessoal, estou precisando de uma operação de resgate!

Foi então que decidi, naquela manhã de sábado ensolarada, fazer algo que eu não fazia há anos, além de me dar a liberdade de realmente chorar — ajoelhei e orei:

Deus, oi... Tudo bem com Você? Não sei se Você existe mesmo ou se lembra de mim. Eu sou a Cris. E se Você existe e está me escutando, como minha avó diz, quero que me diga onde está o grande amor da minha vida!

Enquanto estava lá ajoelhada, um filme passou em minha cabeça. Pessoas, oportunidades, situações, festas, viagens, brigas...

Será que eu deixei o amor da minha vida passar? Será que eu estraguei tudo naquele Carnaval em Bauru quando não dei trela para o moço de blusa azul?

Não sei por quanto tempo fiquei ali, remoendo recordações e rostos.

Deitei na cama e fiquei esperando alguma resposta. Tipo um raio cair no meu quarto. Mas nada!

Que besteira! Até parece que esse Deus existe! E se existe, não vai se preocupar com um problema tão ridículo como esse.

E ao dormir naquela noite, não fazia ideia de que aquele sono iria fazer acordar em mim algo que estava há muito tempo adormecido...

SONHO MESMO?

Fazia muito tempo que não dormia uma noite tão tranquila. Acordei me espreguiçando e com um sentimento desconhecido. Uma tranquilidade, uma paz. Após alguns segundos sorrindo, comecei a lembrar do motivo da felicidade: meu sonho!

Estava caminhando na praia com a brisa do mar como fundo sonoro e, ao meu lado, havia uma pessoa que emanava uma paz e um amor que eu não sei nem explicar. Parecia que eu estava na presença de um anjo mesmo. Então, ele disse:

— Cristiane, deixe que cuido de sua vida. Confie em mim. Vá para Los Angeles, nos Estados Unidos, e vai encontrar o seu verdadeiro e grande amor. Não se esqueça dessa mensagem quando acordar.

Não lembro do rosto. Só de sua voz, calma e confiante.

Sorri mais uma vez, até que caí na realidade.

Acorda, Cristiane! Planeta Terra chamando. Como assim, pegar um avião para uma das maiores cidades do mundo? Até parece que esse sonho foi verdade. Deve ter sido invenção da minha cabeça. Sim, com certeza foi minha cabeça me pregando uma peça!

Mas... e se não fosse invenção? E se eu tivesse, mesmo, sido digna da atenção de Deus?

Fui direto recorrer ao "Dr. Google":

"Deus pode falar por meio de sonhos?"

"Deus existe mesmo e fala com a gente?"

Depois de passar horas pesquisando, fiquei fascinada com as histórias heroicas da Bíblia. Histórias de pessoas comuns que eram chamadas para missões extraordinárias. Sim, Deus conversava com os seus "escolhidos" por meio de sonhos ou pessoalmente! Falou com Abraão em um sonho e conversou pessoalmente com Moisés.

Mas o que eu aqui, a ovelha perdida de quadril largo, tenho a ver com esses "escolhidos"?

Pegar as minhas malas e fugir como uma doida encalhada para Los Angeles para encontrar meu grande amor?!

Não! De jeito nenhum faria isso! Que minha santa avó Geny não me escute, mas, naquele momento, a única coisa que pensei foi que essa história de Deus falar com a gente era coisa de doido! Eu podia estar sozinha, mas não perdendo a sanidade!

As histórias eram realmente fascinantes. Mas não me fizeram acreditar — assim, de imediato — que devia empacotar minhas coisas e partir. Ainda rodeava meus pensamentos se Deus havia mesmo falado comigo. *Falar com Abraão, Moisés ou Jesus, O.K. Mas comigo?! Quem sou eu?!*

Pensei. Pensei mais um pouco. E, por algum motivo, algo dentro de mim disse para acreditar. Comecei a criar um plano de fuga. O momento era perfeito. Estava terminando a temporada de *Divas no Divã* e dava tempo de cancelar a próxima. Além disso, eu queria viajar um tempo. A ideia era Espanha, para aprender espanhol e parar de falar "portunhol". Por que raios Ele falou Los Angeles?!

A única conexão que tinha com a cidade era Ana, uma amiga de infância que vivia reclamando de lá. Peguei o telefone e liguei para ela.

— Oi, amiga, acredita que desafiei a existência de Deus esses dias? Falei que se Ele existisse mesmo era para dar um jeito de me contar onde está o meu grande amor. Adivinha o que aconteceu? Na mesma noite, sonhei com Ele dizendo que o tal homem está aí, em Los Angeles.

Depois de alguns minutos de silêncio (quase uma eternidade), ela falou:

— Querida, sou uma mulher solteira morando em Los Angeles. E te falo com toda convicção do mundo: você não teve um sonho, teve um pesadelo! Não tem homem bom nessa cidade! Você só vai perder tempo e dinheiro.

Ana é minha amiga desde os doze anos, mas sempre fomos o oposto uma da outra. Enquanto eu era a sonhadora romântica que cresceu com o pôster do Lionel Richie no quarto, ela era mais realista.

Fiquei desanimada. Sabe quando você conta toda empolgada algo que acha fantástico para uma amiga e ela fala o oposto do que você quer ouvir? Segui contando essa história para outras pessoas (quem sabe alguém não me estimulava?), mas sempre ouvia a mesma coisa: "Você é doida, Cris?!".

Mas os dias foram passando e aquilo era tão vivo dentro de mim que não conseguia ignorar. Acho que era uma intuição, um chamado. Ou, quem sabe, o destino. Não sei explicar. Você já sentiu isso? Uma certeza que não sabe de onde veio? Sua mente fala que é loucura, mas seu coração grita que é uma das coisas mais reais que você poderia sentir e fazer?

Depois de três semanas me remoendo, abri o computador e comprei a passagem. *Qual a pior coisa que poderia me acontecer?*, pensei. *Ter a oportunidade de comprar batom da Mac mais barato e voltar para casa?* Não tinha nada a perder! Mas para as pessoas não acharem que eu tinha enlouquecido, fiz matrícula num curso sobre estudo da mulher na Universidade da Califórnia, em Los Angeles (UCLA). Não, eu não queria ser vista como uma latina desesperada que largou tudo e foi — como uma louca encalhada — caçar gringo do outro lado do mundo! Isso não era a minha verdade. E casar com um gringo norte-americano não estava em meus planos.

Admiro a cultura norte-americana. Fui até intercambista em uma família muito querida na Virgínia do Oeste quando tinha dezoito anos, e adorei a experiência. Meu inglês sempre teve um sotaque carregado, desde essa época, e eu jamais cogitei largar o Brasil, minha língua e cultura, e me mudar para outro país. Além disso, sou muito apegada à minha família, amo meu trabalho e me considero uma brasileira paulistana com o coração carioca. Não vivo sem praia e um sambinha com os amigos! Se esse sonho fosse verdadeiro mesmo, eu tinha certeza de que iria encontrar meu grande amor no aeroporto de São Paulo enquanto estivesse na fila para comprar pão de queijo.

O dia da viagem para Los Angeles finalmente chegou! Assim que cheguei ao aeroporto de Guarulhos, em São Paulo, meu coração acelerou. Naquele momento, senti um medo tão grande! Aquele medo do desconhecido, sabe? Que loucura eu estava fazendo! Quem, nos dias de hoje, escuta a voz de Deus? Quem eu achava que era? Moisés? Abraão? Jesus? Nem minha avó Geny eu era! Fora que, no dia de minha despedida, falei para todo mundo, na hora de tirar uma foto, que aquela seria minha última imagem solteira!

Mas mesmo com medo e cheia de dúvidas, algo dentro de mim me impulsionava a abandonar o controle. A me jogar nos braços do destino e entregar o próximo capítulo da história de minha vida para um outro autor...

Talvez, hoje, você também queira cometer uma loucura. De repente essa loucura não seja entrar num avião e ir para outro país. Pode ser que a maior loucura que você tenha de fazer hoje seja pegar o telefone e ligar para aquela pessoa que está evitando e finalmente dizer "eu te amo" ou "me perdoa". E, assim, iniciar uma nova história.

Qual a loucura que você precisa cometer para garantir a sanidade do seu coração?

AMIGAS®
BOOK CLUB

Agora é o momento de abrir o coração e deixar Deus agir. Use essas perguntas para compartilhar suas histórias, suas lutas e descobertas. Juntas vamos rir, chorar, orar e lembrar que somos filhas mimadas de um Pai que conhece cada detalhe da nossa caminhada.

1. Você já sentiu que estava sendo guiada por algo maior, mesmo sem entender?
2. Qual o papel da intuição na sua vida?
3. Quando foi a última vez que você sonhou algo "grande demais" e teve medo?

"Confia no Senhor de todo o teu coração e não te estribes no teu próprio entendimento."
PROVÉRBIOS 3:5

5.

SE MOISÉS FOSSE MULHER...

"Porque Deus não nos deu espírito de covardia, mas de poder, de amor e de equilíbrio."

2 TIMÓTEO 1:7

— BEM-VINDOS AO VOO UA0722 COM DESTINO AO AEROporto de Los Angeles. O tempo de viagem é de aproximadamente treze horas...

A voz do piloto foi ficando baixinha e o medo começou a tomar conta de mim. Não apenas pela loucura que eu tinha acabado de cometer, mas por chegar à conclusão de que, se avião é mesmo um dos transportes mais seguros do mundo, como é que eu escuto melhor a música no meu carro do que a voz do piloto?!

Gente, fala para esse homem falar mais alto ou melhorar esse rádio! Ai, que medo! Só falta eu ter uma crise de pânico aqui. #Help

Ahhhhh... Eu sou doida! Saí do Clube das #MeBasto *para entrar no* #ClubeDasCrazies *e acho que já estou arrependida! Alguém me tira desse avião!!!! Quero sair desse assento minúsculo que está sufocando o meu corpo! Quem foi o filho da mãe que desenhou um avião grande com uma cadeira tão pequena?*

A filha da Dona Cleide em mim, que aprendeu a lutar e a fazer tudo sozinha como uma heroína, queria desesperadamente parar o avião com seus superpoderes e voltar para a vida que conhecia. Mas a neta da Dona Geny, que desejava ardentemente voar nos braços da fé para o desconhecido, queria acreditar que o seu clamor tinha sido ouvido.

Como não havia uma forma de sair (juro que pensei nas maiores loucuras, como simular um ataque ou algo do tipo), resolvi tentar me acalmar e acreditar no tal Deus de minha querida avó Geny.

Parei. Respirei fundo e comecei a fuçar minha mala de mão — falsa — da Louis Vuitton para me distrair. Tinha de tudo lá: carteira, documento, clipes, bala de hortelã, restinho do meu batom preferido da Mac, o livrinho *Minutos de sabedoria*, uma agenda cheia de post--its com frases positivas (vai que resolve, né?) e... a Bíblia que minha avó tinha me dado antes de embarcar e que eu tinha esquecido que estava lá.

Por que eu trouxe essa Bíblia?! Será que é um sinal de que o avião vai cair e eu preciso confessar os meus pecados?! Calma, Cris... Coloca essa Bíblia de volta na bolsa o mais rápido possível e não deixa ninguém ver! De repente, o grande amor da sua vida é judeu, budista ou muçulmano sentado no assento M-21, e se ele te vir com essa Bíblia, vai perder todo o interesse. Eita, Cristiane... Por favor, pare de pensar pequeno e comece a se valorizar e a sonhar grande, menina! M-21 é assento da classe econômica — o mesmo que você está. Sonhe mais alto e imagine que, talvez, o seu grande amor seja o Luiz Augusto de Alcântara Terceiro, um herdeiro chique com nome composto, de Ribeirão Preto, que está sentado na primeira classe, no assento A-3, comendo salmão com cuscuz marroquino e bebendo champanhe!

Continuei nervosa e estressada, imaginando milhares de histórias. Parecia que havia uma guerra em minha mente. É incrível o que acontece em nossa cabeça quando somos forçadas a ficar sentadas em uma cadeira ao redor de pessoas estranhas sem poder falar nada! #Enlouquecida

Abre uma das janelas, por favor!

Olhei para o relógio e só havia passado dezessete minutos! Ainda tinha pela frente 12 horas e 43 minutos. #Tortura

Depois do jantar, em que eu passei o tempo todo bisbilhotando pela fresta da cortina para ver se meu futuro marido, Luiz Augusto de Alcântara Terceiro, estava mesmo na primeira classe, comecei a ficar tão entediada que não sabia mais o que fazer. Depois de quase duas horas tentando achar uma posição menos tortuosa para dormir, desisti e comecei a olhar de novo minha mala de mão.

Foi então que, mais uma vez, olhei a Bíblia que eu tinha escondido no fundo da minha Louis. Antes de pegá-la, acionei meu "radar-para-pretendentes" para ver se algum bonitão de outra religião estava acordado me olhando, e abri aquele livro imenso e pesado.

Lembrei que, ao entrar na faculdade de psicologia, tinha estudado várias outras religiões e filosofias, e via a Bíblia apenas como um livro de dogmas, leis, histórias confusas e com mensagens que mais escravizavam as pessoas num mundo de julgamento e condenação do que as libertavam. Mas, naquele momento, por um motivo que não sei explicar, comecei a me questionar:

Será que eu estava certa ou tinha algo a mais na Bíblia? Mesmo não acreditando, não dá para negar que se trata do livro mais vendido no mundo, e que a mensagem contida nessas páginas sobreviveu a reinos e impérios, e ultrapassou gerações. Os versos dessas escrituras inspiraram poetas, líderes, revoluções e transformaram a vida de pessoas no mundo inteiro.

Será que esse livro pode me ajudar?

E foi então que uma ideia doida passou pela minha cabeça!

E se eu ler a Bíblia não como um livro de dogmas, mas como um instrumento terapêutico? E se eu analisar essas histórias como uma metáfora do que pode estar acontecendo em minha mente, e seus personagens, como arquétipos que representam partes dentro de mim? Gente, acho que estou ficando doida!

Naquela noite, indo para LA, eu ainda não tinha a consciência de que "doida" era um elogio, então fiquei um pouco preocupada com minhas ideias. Mas, também, não tinha nada melhor para fazer naquele momento.

Por que não tentar? Se não der certo e não me ajudar em nada, pelo menos vai fazer minha avó Geny feliz em saber que voltei a ler a Bíblia que ela me deu. Vamos ver se agora, anos depois, essas histórias fazem mais sentido. #Duvido

Mal sabia eu que aquele livro tão antigo que estava segurando me daria respostas para curar os problemas de minha vida moderna. Então, comecei a ler a primeira página...

> "No início, Deus criou os céus e a terra. A terra era um vazio... a escuridão cobria o mar... e então, Deus disse: 'Que haja luz!'"
>
> GÊNESIS 1:1-3

Oi?! Gente, o que isso tem a ver comigo?! Deixa eu tentar compreender essa passagem como uma metáfora do que pode estar acontecendo em minha mente e com um olhar terapêutico. Vamos lá, vou tentar...

Bom, estou mesmo sentindo um vazio em muitas áreas de minha vida, e estou na escuridão dentro desse avião. Mas e aí? Para onde vou com isso? Como é que encontro o interruptor para acender a luz e iluminar meu caminho se não sou Deus? #Confusa

Até que cheguei ao segundo livro da Bíblia, o livro de Êxodo. Deparei-me com a figura fascinante de Moisés, o líder que abriu o Mar Vermelho e libertou seu povo das mãos escravizadoras do faraó do Egito e o liderou na conquista da Terra Prometida.

Uau... isso que é revanche!

Não conseguia parar de ler. Parecia que estava assistindo a um filme de aventura e suspense, sabe? Quando comecei a mergulhar mais a fundo nessa fascinante história, não foram os grandiosos milagres que Deus fez por intermédio de Moisés que me chamaram atenção — como revelar os Dez Mandamentos ou abrir o Mar Vermelho —, mas, sim, as pequenezas de sua personalidade.

Parecia que Moisés tinha os mesmos medos, dúvidas e inseguranças que eu, mas, mesmo assim, conseguiu dar a volta por cima e se tornou um dos grandes líderes da história, enquanto eu estava sozinha trancada num avião que parecia voar na velocidade de uma tartaruga, indo para um lugar que eu não conhecia, atrás de alguém que eu não sabia se existia. E foi ao começar a mergulhar mais fundo na mente insegura e cheia de dúvidas de Moisés que decidi me dar a liberdade poética — ou cometer o sacrilégio! — de imaginar como seria se Moisés fosse mulher.

Mesmo, inicialmente, não entendendo muito bem a sabedoria contida naquela história, não consegui mais parar de ler. Percebi que, sim, era possível ler a Bíblia não como um livro de dogmas, mas como um instrumento terapêutico. Assim, comecei a ver Moisés e o faraó não como figuras religiosas, mas como uma metáfora de dois sistemas de crenças dentro de nós — um que nos escraviza e outro que nos liberta.

Continuei lendo aquela revanche fascinante enquanto comia amendoim e bebia um copo de vinho tinto (que tive que pagar, óbvio!)

Jura mesmo, aeromoça, que tenho de pagar?! O valor da minha passagem não cobre um copinho sequer de vinho?! #AbusoAéreo

ELES TAMBÉM SE CANSARAM

Em minha primeira leitura, observei que os israelitas, assim como eu e toda pessoa que decide transformar a vida, só começaram o processo de libertação do Egito quando usaram o primeiro elemento do FATOR C.R.A.S.Y. e admitiram que estavam cansados de viver mais de quatrocentos anos como escravos, tendo a humildade de pedir ajuda a Deus.

> "Alguns anos depois, o rei do Egito morreu, mas os israelitas continuavam sofrendo por causa da escravidão. Eles gritavam pedindo socorro, e seus pedidos chegaram a Deus."
>
> ÊXODO 2:23

O que mais me fascinou nessa parte da história foi saber que foi por meio do choro e do grito de clamor que Deus os escutou. Mas, por outro lado, pensei:

Poxa, Deus, por que você deixou o seu povo na escravidão por tanto tempo e não fez nada para ajudá-lo? Se você sabia que eles estavam sofrendo como escravos, por que eles precisaram clamar por você? Por que não os socorreu antes?

Enquanto estava voando em direção a LA para ver se aquele sonho era mesmo uma revelação divina — ou um dos maiores fiascos de minha vida! —, aquela história estava mexendo comigo e me fazendo questionar:

Se esse Deus todo-poderoso existe mesmo, por que Ele não fez nada para ajudar esse povo antes, e não me fez encontrar o grande amor da minha vida no Brasil?

Demorou para eu aprender essa simples, mas poderosa, lição que podemos tirar da jornada dos israelitas: às vezes, uma das únicas formas de revolucionarmos a nossa vida não é nos esforçarmos mais, mas assumirmos nossas fraquezas e nos entregarmos a uma força maior. Ou, como diria a minha vó, "Passar a caneta para outro autor escrever a nossa história".

Sei que isso não é fácil. Para mim também não estava sendo fácil estar naquele avião indo em direção ao desconhecido. Eu nunca tinha feito nada parecido! Mas tem uma hora em nossa vida que, se não nos arriscarmos, e se não nos entregarmos a algo maior do que nós mesmas, continuamos na mesmice, e não há como saber o que está nos esperando do outro lado de nossos medos.

Assim como a águia que empurra seu filhote medroso e inseguro para a beira do ninho para forçá-lo a voar, há uma força dentro de nós que nos impulsiona a sair de nossas gaiolas e voar como pássaros livres, atingindo alturas e territórios que nem imaginávamos que existiam.

Claro que saltar no escuro dá medo e é muito mais fácil continuar no conforto de nossos ninhos. Mas se continuar onde estamos significa estagnar nossa vida, não há alternativa a não ser confiar nessa força que nos impulsiona.

A terapeuta e professora Estelle Frankel explicou bem esse medo em seu livro *Sacred Therapy* (*Terapia sagrada*, ainda não publicado no Brasil):

> Assim como o feto vai morrer se não sair do útero quando for a hora de nascer, os israelitas tiveram de sair do Egito se não quisessem ficar estagnados e morrer como uma nação. Todos nós temos de tomar coragem para sair de situações e relacionamentos que não nos oferecem oportunidades para crescer.

Eu acredito que um dos motivos que me fez sair do Brasil e viajar para Los Angeles — e o que faz muitas pessoas cometerem a loucura de irem atrás de seus verdadeiros sonhos — é perceber que a *gaiola* confortável onde vivemos está nos impedindo de crescer... e voar!

E voando naquele avião com a mão direita escondendo a capa da Bíblia para nenhum pretendente ver, continuei lendo um pouco mais da história de Moisés...

Descobri que ele nasceu em uma época em que o faraó, com medo de que o povo hebreu continuasse se multiplicando, decretou que todas as mães que tivessem filhos homens deveriam jogá-los no rio Nilo! #HomemDesequilibrado #PrecisaDeTerapia

Quando olhamos o faraó como o símbolo de uma força repressora que tenta dominar a arena da nossa mente, encontramos vários pensamentos que também tentam abortar nossos sonhos antes mesmo de eles nascerem. Quantas vezes eu abortei projetos e relacionamentos com medo que eles fracassassem? Você também já fez isso? No caso de Moisés, sua mãe deu realmente uma de *doida* quando foi contra a normalidade daquela época, recusando-se a obedecer ao faraó tirano e escondendo seu filho. Mas depois de três meses, percebendo que não era mais possível mantê-lo longe dos olhos de outras pessoas, ela decidiu colocá-lo numa cesta e o deixou ser levado pelo rio com a esperança de que alguém o acolhesse. Eita mulher forte! #Guerreira

Quando li essa parte, me sentindo sozinha num avião cheio de gente voando para um lugar que eu não conhecia, imaginei esse bebê, também sozinho numa cesta, navegando pelo rio da vida, totalmente entregue às mãos do destino...

Não me pergunte por que, mas, naquele momento, não pensei em Moisés nem em sua mãe guerreira. Na piração da minha interpretação terapêutica, comecei a me identificar com a cesta que carregava Moisés! #PireiDeVez. E, em minha imaginação, se essa cesta pudesse falar, talvez dissesse:

— Sou apenas uma cesta. Quem sou eu para carregar este bebê? Há muitas parecidas comigo.

Enquanto eu estava naquele avião, olhando pela janela a imensidão do céu azul lindo, eu também pensava:

Quem sou eu para encontrar um grande amor? Eu sou mais uma mulher solteira no meio de tantas mulheres.

Será que aquela cesta sabia que carregava o sonho de libertação de toda uma nação? Será que eu sabia o meu verdadeiro valor? Será que VOCÊ sabe o seu verdadeiro valor?

Talvez, assim como eu e a cesta que carregava Moisés, talvez haja uma parte sua que também pense:

Quem sou para realizar esse sonho?

Acontece que todo sonho, assim como um bebê, precisa ser protegido e cuidado, mesmo que ele seja apenas uma pequena ideia. E só conseguimos realizá-lo quando, antes, temos a capacidade de valorizá-lo, por menor que seja.

Foi então que, naquele dia, no avião, pirando nessa ideia de que eu e a cesta que carregava Moisés éramos uma coisa só (juro que não estava alucinada!), comecei, pela primeira vez, a ficar curiosa em descobrir quem era o faraó que liderava os padrões de pensamentos mais predominantes em minha mente e que tentavam — a qualquer custo — abortar meus sonhos e aprisionar meu valor próprio num calabouço.

Assim que o avião começou a pousar, ao ouvir o barulho do motor novamente, meu coração começou a palpitar! Rapidamente enfiei a Bíblia dentro da minha Louis, coloquei uma bala de menta na boca para fingir que tinha escovado os dentes — vai que encontro o Luiz Augusto de Alcântara Terceiro na saída? —, e minha mente voltou a pirar e a cantar Cazuza!

"Vida louca, vida breve, já que eu não posso te levar, quero que você me leve..."

Ai, meu Deus, que loucura que fiz?! Não acredito que cancelei a nova temporada da comédia Divas no Divã *para vir atrás de um sonho que pode se tornar um pesadelo! Eu só conheço a minha amiga de infância, Ana, em Los Angeles, e mais ninguém. O que eu faço quando chegar lá? Onde eu encontro esse grande amor? Coloco um anúncio no jornal: "Mulher encalhada procura homem que ela não sabe quem é, mas que Deus falou por meio de um sonho que está aqui!"?*

Talvez você esteja pensando:

> Mas, Cris, pra que esse desespero todo? É só você, assim que chegar em Los Angeles, entrar num aplicativo como o Tinder e se conectar com uns caras de lá.

Amiga, naquela época isso não existia, e os poucos sites de relacionamento eram vistos como coisa de desesperada!

Naquele momento, enquanto o avião descia, mesmo me sentindo com medo e cheia de dúvidas, uma voz dentro de mim me impulsionava a continuar cometendo aquela loucura.

Hoje, te convido a fazer uma loucura também! Aquela loucura que, se você não fizer, vai te endoidecer, sabe? Aquela loucura que te inspira a sair do conforto da sua *gaiola* e voar para lugares inimagináveis...

Vamos voar comigo?

AMIGAS®
BOOK CLUB

Agora é o momento de abrir o coração e deixar Deus agir. Use essas perguntas para compartilhar suas histórias, suas lutas e descobertas. Juntas vamos rir, chorar, orar e lembrar que somos filhas mimadas de um Pai que conhece cada detalhe da nossa caminhada.

1. Quais "desertos" você tem enfrentado com coragem?
2. Você já hesitou em dizer "sim" ao seu propósito? Por quê?
3. Em que momento da sua vida você "virou a mesa" e mudou a direção?

"Porque Deus não nos deu espírito de covardia, mas de poder, de amor e de equilíbrio."
2 TIMÓTEO 1:7

6.

DOIDAS NO DESERTO

"E te lembrarás de todo o caminho pelo qual o Senhor teu Deus te guiou no deserto, para te humilhar e te provar, para saber o que estava no teu coração [...]."

DEUTERONÔMIO 8:2

ÀS NOVE DA MANHÃ, O AVIÃO, ENFIM, POUSOU. JÁ NÃO AGUENTAVA mais ficar presa naquela máquina gigante com a mente borbulhando. Estiquei meus braços, as pernas, peguei minha mala de mão — *my Louis* — e fui em direção à esteira G12. Estava tão aflita que a sensação que eu tinha era a de que todo mundo sabia o que eu estava fazendo ali, sabe? Só conseguia reparar no olhar das pessoas para mim. Respirei um pouco. A minha loucura já estava feita e a única coisa que eu podia fazer era me acalmar (ou sentir orgulho de mim pela coragem, vai?).

Está tudo bem, Cris. Você sabe exatamente o que está fazendo. Se não der certo, se dedica àquele curso sobre o universo feminino e volta para o Brasil mais #Poderosa *e com uma bagagem profissional extra.*

Imersa em meus pensamentos e à espera de minha bagagem, senti uma mão em minhas costas e uma voz grossa dizendo:

— *Excuse me, please!* (Dá licença, por favor!)

Amiga, meu coração quase pulou do peito! E como se eu estivesse em câmera lenta, tipo cena de filme mesmo, me virei, com a esperança de que aquela voz fosse a do amor da minha vida.

Será que o Luiz Augusto de Alcântara Terceiro, da primeira classe, finalmente teve coragem de chegar em mim?! Mas quando olhei para ver quem era...

Ahhh não, Deus! Homem de bigode, não. Quem usa bigode hoje em dia?!

Ele — o bigodudo — logo pegou a mala e foi ao encontro de sua família. Não era ele. Ufa. #LivraiMeDosBigodudos

Assim que cheguei ao apartamento que tinha alugado, tomei um banho e marquei de jantar com a Ana.

Gente! Que saudades da Ana! Nem acredito que vamos poder nos ver o tempo todo nos próximos seis meses em Los Angeles!

Quando cheguei ao restaurante e a vi, fui correndo abraçá-la. Assim que ela me viu, começamos a gritar como fanáticas — coisa de grandes amigas quando se encontram depois de um tempo, mas que se falam todos os dias, sabe?

— Que saudade de você, menina! Não acredito que vai ficar aqui em Los Angeles. Parece um sonho!

E assim que a palavra sonho saiu de sua boca, Ana me apresentou para a Marina, sua melhor amiga em Los Angeles:

— Esta é a famosa Cristiane. Aquela que te falei que viria para cá por conta de um sonho. Lembra? Um sonho que mostrou que o grande amor da vida dela está aqui! Sério, fala para ela o que você acha disso. Pois eu falei e não adiantou. Ela comprou a passagem e veio.

As duas começaram a rir compulsivamente, e Marina disse:

— Querida, se existe um lugar nos Estados Unidos em que é impossível encontrar um grande amor, este lugar é LA. A não ser que o seu amor seja um louco ou um ator falido.

Sério que vim a esse jantar para virar piada? Caramba, eu preciso de apoio. Fora que a Ana não tinha nada que contar minha história para essa tal de Marina — de quem já não gostei antes de conhecer, pensei.

Marina foi ao banheiro e, imediatamente, Ana continuou:

— Você é louca, Cris! Largar todo o trabalho com o *Divas no Divã* para vir atrás de homem em LA? E depois você fala que luta pelo poder e independência das mulheres?

— *Shhhhh*... Fala baixo, Ana! Mais ninguém precisa saber disso. Eu te perdoo por ter contado à Marina, mas agora chega. Aliás, se alguém te perguntar o que eu estou fazendo aqui, fala que vim me aprofundar no estudo do universo feminino na UCLA, tá?

— Desculpa! Não sabia que era segredo. Contei à Marina porque achei engraçada a sua loucura.

Depois que a Marina chegou do banheiro, paramos de falar sobre isso e continuamos colocando o papo em dia, mesmo nos falando por telefone quase todos os dias, como te falei! #CoisaDeMulher

Ana sempre foi uma de minhas melhores amigas. Criamos lindas e divertidas memórias juntas. Nos conhecemos na aula de balé. Imagina a mala de histórias que temos, né? Ela sempre me incentivou a lutar por meus sonhos. Mas depois que se divorciou, entrou para o clube das #MeBasto, e acho que ela não estava gostando nada da ideia de eu estar pronta para sair do clube em que ela tinha acabado de entrar!

Voltei para meu apartamento me sentindo sozinha, e pior, ridícula!

Talvez Ana e sua amiga estejam certas. Foi mesmo uma loucura o que eu fiz. Acho que amanhã vou tentar adiantar minha passagem e negociar o resgate do dinheiro do curso e do aluguel.

Fui para o quarto, olhei a Bíblia que tinha colocado na cabeceira da cama e, como não sabia mais o que fazer, decidi continuar lendo a história de Moisés, com a esperança de que alguma palavra me ajudasse a tirar a dor que sentia em meu coração.

Quem diria que um dia eu estaria trancada num quarto lendo a Bíblia. Eu devo estar ficando doida mesmo!

DEUS ME LIVRE DESSE DEUS!

Comecei a folhear as páginas, meio que pulando várias partes, quando me deparei com uma palavra que me chamou atenção: *deserto*. Descobri que depois que Moisés libertou os israelitas do Egito, antes de chegar à Terra Prometida, eles tiveram que caminhar pelo deserto por quarenta anos!

Ai, ai, ai... Será que li essa parte porque é um sinal de que eu também vou ter que esperar mais quarenta anos para encontrar o amor da minha vida? Por favor, Deus, não faça isso comigo, hein? Me fala logo se esse é o seu plano, porque assim só vou me preocupar com isso quando estiver morando em um asilo!

Paaaara de se estressar à toa, Cristiane!

Não sei se você está numa fase em que se sente estressada como eu estava, mas caso você tenha até dado uma de doida, mas ainda não tenha alcançado sua Terra Prometida em alguma área da sua vida, você, assim como eu e os israelitas, deve estar passando por um dos *desertos* de sua vida. E não é fácil atravessar essa fase!

Imagina que os hebreus demoraram quarenta anos caminhando naquele deserto ensolarado — e sem filtro solar! #Tadinhos. A estrada que liga o norte do Egito à Palestina poderia ser percorrida em duas horas de carro (100km/h), mas levou anos para que conseguissem atravessá-lo. Então podemos dizer que demorou apenas UM DIA para os Israelitas saírem do Egito, mas QUARENTA ANOS para eles finalmente habitarem a Terra Prometida! #HajaPaciência #CadeOWazeNessasHoras?

Demorou três horas para eu fazer as malas e viajar para Los Angeles, mas demorei cinco anos caminhando pelo deserto do medo fingindo que eu não queria me relacionar sério com ninguém! Às vezes, você precisa de um minuto para caminhar do seu quarto para a sala e fazer as pazes com aquela pessoa que te machucou, mas demorar meses caminhando pelo deserto da mágoa para realmente perdoá-la.

Por qual deserto você está passando — ou já passou — em sua vida?

Deserto não é um lugar com o qual sonhamos ou planejamos. Eu não imaginava que estaria sozinha num apartamento em Los Angeles, já no primeiro dia, arrependida de ter cometido a loucura de largar tudo para ir atrás de um sonho que poderia ser um pesadelo. Mas é um lugar que não podemos evitar se quisermos conquistar a nossa *Terra Prometida*.

Naquele momento, eu não tinha noção do quanto aprendemos nos *desertos* de nossa vida. Por isso, perdi uma boa parte daquela noite dando uma de Dona Olga e reclamado de tudo!

Socorro!!! Me tira desse deserto quente de Los Angeles! Eu quero sombra e água fresca!

Deserto é realmente quente. Mas, apesar de fazer uns cinquenta graus de dia, à noite, a temperatura cai para menos de 0 grau. Metaforicamente falando, é exatamente como costumam ser as nossas emoções nessa fase — podemos acordar animadas em certos momentos e desesperadas em outros. Você já se sentiu assim? Se está calor, você se anima, sobe na laje, pega o restinho do Cenoura & Bronze e vai tomar sol! Se está frio, fica desmotivada, se embrulha no cobertor, liga um filme antigo da *Sessão da Tarde* e enche a cara de bolacha Bono.

Por isso, gosto de ver o *deserto* como uma oportunidade para nos tornamos líderes — e não reféns — de nossas emoções! #Lidere

O SEGUNDO — E TERCEIRO ELEMENTOS DO FATOR C.R.A.S.Y.

Deserto em hebreu é *midbar* — que vem da palavra *dahbar*, que significa falar. Mesmo sendo uma fase difícil, é um dos melhores momentos para silenciar todas as distrações e os barulhos do mundo e, assim, começarmos a ouvir nossos verdadeiros sentimentos, desejos — e a voz de Deus.

Como no *deserto* é muito comum nossa mente ser invadida por emoções difíceis, como tristeza, medo, solidão... em vez de fugirmos ou reprimirmos essas emoções, podemos olhá-las de frente e utilizar o segundo e o terceiro elementos do FATOR C.R.A.S.Y., que são: **reconhecer** o sentimento por trás de nosso cansaço e **assumir** o verdadeiro desejo que esse sentimento está tentando nos mostrar. Até porque, por trás de todo sentimento, tem um desejo que foi realizado ou precisa desesperadamente ser.

Por exemplo, além desse deserto da solidão que estava atravessando assim que cheguei em Los Angeles, eu passei por vários outros desertos em minha vida. Um dos mais difíceis de sentir foi o da inveja. Sim, não vou negar! Lembra do dia do casamento da Paty, em que chorei muito? Eu estava sentindo inveja mesmo! #ImperfeitaMasVerdadeira

Trata-se de uma emoção bem difícil de sentir — e de engolir! A inveja dói porque não é fácil ver alguém ocupando a Terra Prometida em que a gente gostaria de estar. Eu sei! Nesses momentos, temos que ser inteligentes para utilizar a inveja não para destruir ou nos incomodar com a vitória do outro, mas para nos inspirar a lutar pelas nossas próprias conquistas.

Eu estava empolgada por minha amiga, mas, por trás do meu sentimento de inveja havia o desejo de encontrar o grande amor da minha vida que eu acabava reprimindo e escondendo de mim mesma e dos outros. Mas como os nossos sentimentos carregam a voz dos nossos verdadeiros desejos — tanto os que escutamos quanto os que ainda não —, chegou uma hora em que eu não tive outra escolha a não ser escutá-los! #EscutaSeuCoração

Mesmo estando feliz por minha amiga, ao RECONHECER o sentimento da inveja consegui ASSUMIR a voz do meu desejo de encontrar o grande amor da minha vida.

Não importa se você está solteira e carente por um relacionamento — como eu estava — ou casada: se você está passando por algum *deserto* de sua vida, não reprima ou tente fugir dos seus verdadeiros sentimento e desejos, como eu fiz por muitos anos. Abra a porta, receba-o de braços abertos e tenha a audácia de escutá-los. Até porque, eles podem *falar* a direção para a qual você tem de andar — ou voar! — para chegar à sua *Terra Prometida*.

Ao entrar mais em contato com meus sentimentos e desejos naquela noite, descobri o quanto minha inabilidade de lidar com a dor da solidão e ficar bem com a minha própria companhia me colocaram em situações em que, no desejo de suprir minha carência, aceitei migalhas de amor e me contentei com miragens de homens que eram pura ilusão. *(Hello, Binho!* Lembra?). E percebi, também, que meu maior desejo não era apenas o de encontrar alguém, mas encontrar um relacionamento real, autêntico e verdadeiro.

Quando você souber o que aconteceu em minha vida depois daquela primeira noite sozinha em meu apartamento em LA, vai compreender o poder transformador que existe no *deserto,* e vai ser a primeira a arrumar as malas, comprar uma passagem bem barata e voar para lá! Mas não se esqueça de levar com você o restinho do Cenoura & Bronze, tomar um sol bem gostoso e conhecer mais profundamente uma das pessoas mais fascinante que vai encontrar na caminhada: você mesma! Até porque, como o autor Charles R. Swindoll explica em seu livro *Moisés* (editora Mundo Cristão): "Não há nada como o deserto para te ajudar a descobrir seu verdadeiro eu".

Naquela minha primeira noite em LA, caminhando pelo meu *deserto* da solidão, eu tive a oportunidade de ouvir a voz dos meus sentimentos, desejos e dúvidas:

Eu estou me sentindo tão triste e sozinha. Quero tanto encontrar um relacionamento verdadeiro. Mas será que vou conseguir?

Como não conseguia encontrar respostas, decidi fechar a Bíblia e apagar a luz. E foi na escuridão daquele quarto que senti uma pitada de esperança se acendendo em meu coração. E em meio a tantas emoções, desejos, dúvidas e inseguranças, escutei uma outra voz, bem baixinha dentro de mim dizendo:

Espere o dia de amanhã. A sua história só está começando.

Há momentos em nossa vida em que só temos uma escolha: continuar caminhando pelo nosso *deserto* e esperar o dia seguinte...

AMIGAS®
BOOK CLUB

Agora é o momento de abrir o coração e deixar Deus agir. Use essas perguntas para compartilhar suas histórias, suas lutas e descobertas. Juntas vamos rir, chorar, orar e lembrar que somos filhas mimadas de um Pai que conhece cada detalhe da nossa caminhada.

1. Como você lida com os períodos em que tudo parece estar parado?
2. Qual lição você já aprendeu em uma fase de solidão?
3. Você consegue ouvir seus verdadeiros desejos no meio do silêncio?

"E te lembrarás de todo o caminho pelo qual o Senhor teu Deus te guiou no deserto, para te humilhar e te provar, para saber o que estava no teu coração [...]."

DEUTERONÔMIO 8:2

Faça parte do **Amigas Book Club®** e tenha acesso a entrevistas exclusivas com a autora, incluindo insights e inspiração para aplicar na sua vida... e de suas amigas!
https://amigasclub.com

7.

ABRA AS SUAS ASAS E SOLTE A SUA DOIDA

"Seja forte e corajosa! Não temas,
nem te espantes, porque o Senhor teu Deus
é contigo por onde quer que andares."
JOSUÉ 1:9

E — NUM PISCAR DE OLHOS — CINCO MESES SE PASSARAM DEPOIS daquela minha primeira noite em Los Angeles. Cheguei ao último dia do curso sobre o estudo da mulher e tinha apenas mais algumas semanas para encontrar o tal do grande amor da minha vida. Logo seria hora de voltar para o Brasil.

Conheci várias pessoas bacanas e interessantes, e a Ana acabou me apresentando para um dos casais mais queridos que já conheci: Malu e Roberto. Malu era brasileira, e Roberto, peruano. Senti que eles me adotaram naquela cidade grande, e me convidavam constantemente para jantar na casa deles. Eu me sentia não apenas acolhida, mas com a esperança de que, um dia, eu também poderia ser feliz assim com alguém. Eles me inspiravam! Encontrei neles grandes amigos, mas não conseguia encontrar aquilo que realmente tinha ido procurar. Sentia todos tão envolvidos com suas próprias vidas e objetivos que parecia muito difícil conhecer alguém que, assim como eu, estivesse querendo casa, comida, casamento e carinho.

Para não dizer que não conheci ninguém, teve o "Alemão". Sem saber o que fazer com o meu tempo livre em Los Angeles, resolvi aceitar o convite de uma de minhas colegas da faculdade para fazer um curso chamado *Landmark*, sobre desenvolvimento humano.

O mais interessante do curso foi que tivemos que nos reunir em grupos e cada pessoa tinha que falar por quê estava lá. Na minha vez, mesmo morrendo de vergonha, disse que estava em LA porque algo me dizia que iria encontrar meu marido. Disse isso e fiz uma piadinha:

— Se bem que não acho que meu marido seja norte-americano. Amo dançar e sei que gringo não é muito bom nisso.

Quando terminei de falar e olhei ao meu redor, vi Hans, um alemão que estava no meu grupinho. Ele parecia impressionado com a minha história. Estava paralisado olhando para mim, sabe?

Olha, o Hans é possivelmente a pessoa mais alta que já vi em minha vida. Alto e loiro, com um nariz quase tão grande quanto sua altura, ele vestia uma camisa de botões e disse que não conseguiu não prestar atenção na minha história.

— Tenho certeza de que há um motivo para você estar nesse curso — disse Hans, abrindo, lentamente, os botões da camisa.

Mas isso é normal? Esse homem está tirando a roupa em público? Ele endoidou?

Com a camisa quase toda desabotoada, Hans a abriu como o Super-Homem fazia e, por baixo dela, vestia uma camiseta da seleção brasileira!

— *Look at this!* (Olha isso!) — disse.

E continuou com o discurso e a empolgação de quem encontrou o amor da vida depois de ter andado anos de navio.

— Sempre sonhei em me casar com uma mulher brasileira! Foi por isso que você veio para cá, para me conhecer! E olha, sei dançar como os brasileiros!

Aí, amiga, Hans começou a fazer um *breakdance* muito mal feito no chão! Não aguentei e comecei a rir. Rir muito. Não satisfeito, ele se ajoelhou em frente ao grupo, pegou minha mão e me convidou para jantar.

Meu Deus?! O que eu faço? Jura que vim até os Estados Unidos para conhecer e casar com um alemão tão estranho assim?

Eu sei, é feio pensar assim. Eu me senti mal na hora e rapidamente interrompi meus pensamentos.

Cristiane do céu, que pecado pensar isso! Para de ser superficial e foca na beleza interna.

Aceitei o convite. Vai que, né?

Saímos e tivemos um jantar agradável. Hans era engraçado, mas tinha pensamentos muito diferentes dos meus. Não tinha a ver comigo. O encanto não estava lá. Quando chegamos à porta de casa, mesmo não sentindo nenhuma atração, deixei que ele me beijasse com a esperança de que seu beijo mudasse toda a minha opinião. Foi o contrário! O beijo acabou com qualquer possibilidade. O alemão tinha o pior bafo que já senti na vida!!! Amiga, juro que poderia passar por cima do tamanho do nariz e dos passos ruins de dança, mas bafo, não!

Decidi não falar mais sobre "encontrar meu amor nos Estados Unidos". Durante as últimas quatro semanas que tinha por lá, quando alguém me perguntava o que eu estava fazendo ali, falava sobre meu estudo e trabalho com o universo feminino — nunca sobre o real motivo de minha viagem. Não queria que as pessoas achassem que eu tinha algum problema ou que era doida!

Até porque, uma mulher independente como eu jamais poderia expressar essa "fraqueza"! Lembra que por muitos anos eu fiz parte do clube das #MeBasto e estava tentando sair de fininho?

Você já omitiu seus verdadeiros desejos? Já gritou pelos quatro cantos do mundo que estava bem, quando, no fundo, seu coração sentia falta de algo — um namorado, um trabalho com mais sentido ou mais paz em sua vida? Olha, eu sempre fui boa em ter meus sentimentos à paisana!

Sabe, o tempo todo em que estive em LA, não soube muito o que fazer além de frequentar o meu curso. Nas últimas semanas, então... A Ana estava batalhando pela sua carreira de atriz e vivia correndo entre testes e audições. Era raro sairmos juntas. Eu queria muito conhecer pessoas novas e até conseguir um tempo na agenda da minha amiga, mas tudo parecia tão diferente. Os homens não chegavam para conversar como eu estava acostumada no Brasil. Eles pareciam mais tímidos — ou metidos. Fora que meu inglês continuava com aquele sotaque carregadíssimo, que me deixava com vergonha e muito insegura.

Será que a Ana tinha razão e meu sonho era um pesadelo?

Minha vida era estudar e caminhar pelas ruas para fugir da solidão, com a esperança de trombar com "ele". Em uma dessas caminhadas, vi uma mulher distribuindo panfletos e, como estava sem pressa nenhuma, decidi pegar. As palavras "*Soul Mate*" (alma gêmea) estavam em destaque, e o palestrante era um rabino.

Acho essa história de alma gêmea meio babaquice, mas é interessante um rabino falar sobre isso. Quem sabe eu me inspiro a voltar a ler a história de Moisés, que não leio há um tempão? Acho que vou nesse curso. Até porque, se acreditei em um sonho e deixei toda minha vida pra trás para encontrar o meu grande amor, por que não ir? Vai saber se "ele" vai estar lá esperando por mim!

Fui.

A primeira coisa que o rabino disse ao entrar na sala, foi:

— Quem aqui está desesperado para encontrar a sua alma gêmea, levanta a mão.

Ninguém na sala levantou a mão, inclusive eu.

Oi?! Até parece que vou mostrar para os outros que estou "desesperada" para me casar. Que absurdo assumir uma fraqueza dessas, ainda mais na frente de uns possíveis pretendentes (já estava de olho em alguns). *Tenho que mostrar que sou uma mulher independente e feliz sozinha. Não desesperada para casar.* Não tem aquela filosofia contraditória e irritante que fala que quem não procura acha? Então, vou fingir que não estou procurando.

Você sabe que há um grupo de mulheres com um código secreto para esconder de todo mundo, inclusive de si mesmas, o desejo de encontrar alguém, né? Somos solteiras-à-paisana! Claro que há mulheres que não querem se casar. Já conheci muitas que escolheram um destino diferente, como viajar pelo mundo com uma mochila nas costas — e estavam felizes com suas escolhas. Mas esse não era o meu caso. Eu fazia parte do tal grupo.

E o rabino seguiu:

— Que pena que ninguém levantou a mão. Querer desesperadamente encontrar a sua "alma gêmea" é querer desesperadamente crescer. É querer conhecer partes suas que somente a relação a dois pode te ajudar a conhecer. Querer desesperadamente conhecer a sua "alma gêmea" é querer unir forças com alguém para fazer a diferença no mundo. Que pena que ninguém nesta sala esteja desesperado para isso. Mas vou perguntar de outra maneira: Alguém aqui está desesperado para crescer e fazer a diferença no mundo ao lado de alguém?

Então, bem devagarinho, levantei a mão. Mas, dentro de mim, estava gritando: "Eu aqui! Eu estou DESESPERADA para encontrar a minha alma gêmea! Vó, obrigada por rezar e acender vela para Deus! Me ajuda aí, Deus! Estou cansada de dormir e acordar sozinha. Quero, sim, fazer a diferença no mundo, crescer, beijar, abraçar, viajar, amar e, até mesmo, brigar ao lado de alguém".

No final do seminário, o rabino passou um desafio:

— Se querem encontrar sua alma gêmea, vocês precisam sair da zona de conforto. Então, vou passar um desafio para cada um de vocês que deseja realmente encontrar a sua alma gêmea. Ao longo dessa semana, ousem dizer "sim".

No dia seguinte, fui a uma academia perto do apartamento que tinha alugado e encontrei uma brasileira que estava morando em Los Angeles havia anos. Batemos um bom papo no vestiário e ela me convidou para ir a uma festa. Como eu não a conhecia, minha reação imediata foi:

Obrigada, mas não posso.

Logo lembrei do desafio do rabino de falar "sim" para algo que automaticamente falaríamos "não", e minha mente voltou a entrar em conflito. Meu lado racional começou a gritar:

Para, Cris! Você vai em uma festa com uma mulher que mal conhece por causa de um seminário sobre "alma gêmea"? Faz as suas malas e volta para o Brasil. Você terminou seu curso e não pode mais perder tempo acreditando nesse sonho ridículo! Temos sempre que saber a hora de ir embora.

Resolvi ignorar essa voz em minha mente e ouvir a que falava mais baixinho:

Tá bom, vou com você! Posso mudar os meus compromissos.

E fui...

FESTA DA TERCEIRA IDADE

Assim que cheguei à festa, a primeira coisa que notei foi o tanto de gente mais velha que estava lá. Olha, se o plano de Deus não fosse me fazer encontrar uma alma gêmea de uns sessenta anos, não sabia o que estava fazendo naquele lugar.

Mas, como não podia fugir, comecei a conversar com algumas pessoas. Até que uma mulher mais velha e muito simpática chamada Monica, da África do Sul, me perguntou:

— De onde você é, *my darling* (minha querida)?

— Sou do Brasil.

— Amo o Brasil. Meu irmão morou lá por um tempo.

Começamos a conversar e até música brasileira cantamos, pois o marido de Monica era músico.

Entre uma música e outra, ela perguntou:

— O que te trouxe a Los Angeles?

E quando eu pensei em falar o mesmo texto que falava para todas as pessoas que me faziam essa pergunta: *Sou psicóloga e escritora. Estudo o universo feminino e vim para me aperfeiçoar, focar em minha carreira e blá blá blá...* as palavras pularam da minha boca:

— Vim para cá porque sou uma doida! Orei para Deus para encontrar o meu grande amor e tive um sonho... *I am CRAZY!*

E, em vez de Monica virar as costas e me deixar lá, ela olhou fundo nos meus olhos e disse:

— Você não é doida. Eu conheço o seu grande amor. Ele se chama Billy, é meu amigo e sócio, e mora em Fargo, no Norte dos Estados Unidos. Ele está procurando uma mulher como você. Vou ligar agora para ele. Aí vocês já se falam.

Monica mal terminou de falar e já estava ligando para esse tal de Billy.

— Ele não atendeu, mas deixa um recado! Fala qualquer coisa!

Lembro que peguei o telefone como uma criança que pega a bola na brincadeira da batata quente, sabe? E é claro que iria me queimar!

Minhas mãos tremiam um pouco, mas falei:

— Olá, meu nome é Cris. Sou do Brasil e, pelo visto, vou ser sua futura esposa. Se quiser, vem para Los Angeles para me conhecer.

Até hoje não acredito que deixei essa mensagem!

O que ele vai pensar de mim? Que sou tudo o que tentei esconder até agora? Que sou uma doida desesperada?! Meu Deus, será que tinha algo nas duas tacinhas de vinho que bebi?! Acho que estou ficando mesmo doida!

Naquela época, eu não tinha a versão ampliada que tenho hoje da palavra *doida*, então fiquei realmente preocupada com minha atitude.

Ainda bem que nunca vi — e nunca vou ver — esse homem na minha vida, pensei.

Depois de trocar meu telefone com a Monica, fui embora da festa me sentindo envergonhada, mas corajosa por ter saído de minha zona de conforto! Além de ir à festa, pela primeira vez fui verdadeira sobre o meu sonho e verdadeiros desejos.

No dia seguinte, faltando apenas duas semanas para voltar para o Brasil, minha irmã me ligou dizendo:

— Cris, e aí, você já vai voltar e ainda não encontrou o seu grande amor. No seu último dia aqui no Brasil, você fez aquela festa de despedida, tirou uma foto com todos e falou que seria a última vez que estaria numa foto solteira. Vai todo mundo tirar sarro desse seu sonho maluco.

Nossa, fiquei tão irritada com a minha irmã! Ela fez eu me sentir ridícula. E, mesmo no fundo achando que ela tinha razão, não dei o braço a torcer:

— Graciela, ainda tenho duas semanas aqui em Los Angeles, sabe o que Deus fez em apenas seis dias? Ele fez o mundo! Ele pode fazer com que eu conheça minha alma gêmea. Nem se for no avião voltando para o Brasil.

Quando desliguei o telefone, chorei. E se minha irmã estivesse certa? Chegando ao Brasil, vou precisar contar que fracassei! Ou melhor, que esse Deus em quem minha querida avó Geny sempre acreditou fracassou ou não existe!

Dois dias depois da festa, aquela mulher mais doida que eu, Monica, me ligou:

— Cris, meu amigo de Fargo está aqui a trabalho e quero apresentar vocês. Ele quer muito te conhecer. Vamos sair para um *brunch*?

Na hora, não consegui responder nada. Fiquei meio congelada ao telefone.

Um *blind date* como esse já era motivo para minha mente começar a pirar com pensamentos desde que roupa usaria e qual desculpa daria para fugir do restaurante antes da sobremesa — e até que nome daria para os nossos filhos! #MulherConfusa

POR QUE AS GATAS NÃO TÊM CRISE EXISTENCIAL?

Minha mente não parava de pirar com a ideia de ter um encontro às cegas com um homem que, antes de me ver, já teve acesso a uma parte desesperadora de mim! Afinal, que homem, em sua sã consciência, quer conhecer uma mulher que fala ao telefone que acha que vai casar com ele?!

E se esse Billy for aqueles americanos estranhos que vemos em filmes de suspense, que vai atrás de vítimas frágeis e desesperadas?

E se ele for um bigodudo ou até mesmo bafudo como o alemão? E se ele não gostar de mim e eu gostar dele?

Acho melhor voltar logo para o Brasil — tipo hoje!

AAAAAAAAAAA. Não sei mais qual voz escutar. O que está acontecendo em minha mente?

Não sabia o que fazer naquele momento. *Vou mesmo com essa Monica e encontro esse cara ou ligo com alguma desculpa e desmarco isso?* Antes de tomar uma decisão, olhei a Bíblia ao lado da minha cama e decidi continuar lendo aquela história de Moisés, com a esperança que alguma palavra ou frase pudesse me dar a resposta. Mas a minha cabeça estava borbulhando de ansiedade e não consegui ler nada. Fechei o livro e qualquer possibilidade de receber uma mensagem divina. Fui até a janela para respirar e dei de cara com a gata da vizinha do prédio da frente — toda plena e relaxada — no parapeito da janela, como fazia todo santo dia.

Essa gata não tem crise existencial?! Não se estressa com nada? Como consegue dormir assim tranquilamente a tarde toda?!

Se você acha que estou ficando doida, pense nas gatas que você conhece. Elas não aparentam ser megaconfiantes, relaxadas e empoderadas? Você já encontrou alguma com pressa, reclamando da vida e dizendo que está estressada, deprimida e precisando de pílulas para dormir? Imagina! Elas estão sempre andando calmamente, como se desfilassem.

Hoje eu entendo porque a minha amiga Heloísa só dava nomes chiques e compostos para as gatas: Micaela Gabriela, Ruth Maria, Chloe Lis...

Meus pensamentos começaram a viajar...

Se nós, humanos, nos consideramos "animais superiores", por que aquela gata parecia mais feliz do que eu? Foi naquele dia que comecei a ficar curiosa e fui pesquisar mais a fundo o nosso cérebro complexo e confuso. Descobri coisas que não tinha aprendido na faculdade de psicologia e não tinha a mínima ideia nessa época da minha vida, por isso que eu sofria com tanto estresse e ansiedade.

O CÉREBRO ARCAICO DAS MULHERES MODERNAS

Você já ficou estressada querendo cancelar um encontro, como eu, só pela possibilidade de ele não dar certo? Ou você já pirou, achando que ia ser demitida só porque o seu chefe te chamou para uma reunião de última hora? Nossa mente vai longe, né?

Por que não ir ao encontro e depois tirar conclusões a respeito? E por que se desesperar sem saber se o chefe te chamou para te demitir ou te elogiar? Você já percebeu que, geralmente, uma das "melhores" coisas que nossa mente faz é pensar o pior? E por que as gatas parecem estar sempre plenas?!

O motivo é simples. Mesmo sendo #MulheresModernas, temos o mesmo cérebro arcaico de nossas avós da caverna. Não mudou quase nada! E uma das características do nosso cérebro que nos permite ficar mais preocupadas e ansiosas do que as metidas da tribo das felinas, é porque nosso lobo frontal, a parte responsável pelos pensamentos e que nos permite imaginar o futuro, é maior do que na maioria dos animais. No meu caso, não é apenas maior do que a maioria dos animais, mas do que a maioria dos seres humanos também, pelo jeito! E é exatamente por isso que eu sempre tento esconder minha testa enorme com a franja! #QueriaSerGata

Dessa forma, para garantir nossa sobrevivência, nosso cérebro nos dá *superpower* (superpoderes) para imaginarmos o futuro e suas consequências, ao contrário daquela gata tranquila que eu olhava dormir o dia inteiro da janela do meu apartamento em LA. #Folgada ou #Sortuda

Não estou dizendo que as gatas e outros animais não sentem estresse — eles sentem. A diferença é que, no caso deles, o sentimento só tem relação com aspectos reais. Eles não antecipam sofrimentos. Não sofrem de estresse imaginário como nós.

O biólogo e neurologista Robert M. Sapolsky, em seu livro *Por que as zebras não têm úlcera* (editora Francis), explica que as zebras, assim como as gatas, são animais selvagens supertranquilos. Elas só ficam estressadas quando se deparam com um leão. Mas depois que conseguem escapar, retornam para a sua vida de paz, como se nada tivesse acontecido. Assim como as gatas quando se deparam com um cachorro, elas não são bombardeadas com pensamentos aflitivos rondando a mente:

"Será que esse cachorro filho da mãe vai voltar?" ou se remoendo de mágoa e falando "cas amigas":

"Não acredito que ele me atacou assim! Não fiz nada pra ele. Não merecia ser tratada desse jeito. Tô arrasada!".

Já nós, seres humanos, nos preocupamos com os problemas antes mesmo que eles aconteçam e, ainda por cima, continuamos sofrendo mesmo depois de eles terem acabado. Olha o meu caso. Depois do convite da Monica, perdi um tempão preocupada com o que poderia acontecer nesse encontro às cegas com Billy e, depois do encontro, com certeza, me preocuparia com o que aconteceu. Olha que loucura! Ou, melhor, olha que "normal"! Às vezes dá vontade de ter o lobo frontal do tamanho de uma formiga, né?!

Sempre tive dificuldade em lidar com meus pensamentos e sentimentos, por isso sofria tanto nos desertos da minha vida e, talvez por isso, tenha escolhido como área de estudo a psicologia.

Gente! O que eu faço?! Será que vou mesmo nesse encontro às cegas ou acordo e desmarco?

Mas, mesmo querendo fugir como uma gata foge diante de uma possível ameaça, uma consciência maior dentro desse meu cérebro arcaico e confuso dizia: *Vai, se arrisque, saia de sua zona de conforto!*

E foi então que eu decidi parar de ficar encarando aquela gata metida e fazer algo para relaxar. Como eu não tinha a minha Dalva para marcar a unha e fazer minha terapia favorita, tive a ideia de ir ao Starbucks, um dos meus cafés preferidos nos Estados Unidos, que ainda não tinha chegado ao Brasil na época, e que ficava a apenas três quadras do meu apartamento.

Deixa eu tentar dar uma de gata, sentar no Starbucks com aquela cara de mulher plena e ficar olhando todos os humanos estressados que passam pela rua. #StarbucksTherapy

Até porque não adiantava nada eu ficar me preocupando tanto com o *brunch* que eu iria ter no dia seguinte na hora do café da tarde de hoje, né?

Gente! O que eu faço?! Esse tal de Billy é louco ou está desesperado para conhecer a mulher que falou pelo telefone que vai ser sua esposa?

E se ele não tiver nada a ver comigo?

Até que, novamente, algo dentro de mim dizia:

Vai, se arrisque, saia de sua zona de conforto!

Enfim, acabei topando encontrá-los no dia seguinte, num restaurante perto do meu apartamento chamado *Newsroom*, em Beverly Hills, para um *brunch*.

Ai, ai, ai... que baita frio na barriga!

AMIGAS®
BOOK CLUB

Agora é o momento de abrir o coração e deixar Deus agir. Use essas perguntas para compartilhar suas histórias, suas lutas e descobertas. Juntas vamos rir, chorar, orar e lembrar que somos filhas mimadas de um Pai que conhece cada detalhe da nossa caminhada.

1. O que você sente que ainda está preso dentro de você?
2. Qual foi sua escolha mais ousada até hoje?
3. Medo e coragem podem andar juntos?

"Seja forte e corajosa! Não temas, nem te espantes, porque o Senhor teu Deus é contigo por onde quer que andares."
JOSUÉ 1:9

8.

BEEEEEEM ACORDADA NUM ENCONTRO ÀS CEGAS!

“Guarda o teu coração, porque dele procedem as fontes da vida.”
PROVÉRBIOS 4:23

AI, AI, AI... QUE BAITA FRIO NA BARRIGA!!! ESQUECI MEU FIO DENtal!!!! Agora preciso prestar atenção ao que vou comer. Quem vai me avisar que parte da salada resolveu ficar entre meus dentes?

Foi uma das primeiras coisas "profundas" que pensei assim que entrei no restaurante com as mãos suando de nervoso...

Monica estava na mesa e, assim que me viu, me deu aquele sorriso todo simpático. Billy, o homem que ela disse que poderia ser o grande amor da minha vida? As primeiras coisas que vi foram a nuca e as costas. Minha mente estava uma bagunça. Parecia que havia uma briga de pensamentos, sabe?

Para de acreditar nessa babaquice, Cris. Isso não vai dar certo. Essa história de encontro às cegas é coisa de gente que precisa abrir o olho! Lembra que já não deu certo com o Junior. E se esse Billy for narigudo e tiver bafo igual ao Alemão? E se ele não gostar da minha blusa pink? Pink?! Jura mesmo, Cristiane? Por que não escolheu um pretinho básico e clássico?

Aaaaaaa, que nervoso!

Quando consegui desbravar o território dos meus pensamentos estressantes e chegar até a mesa, olhei para ele e não vi o nariz... Só consegui ver os olhos que, de tão azuis, pareciam carregar o oceano inteiro.

Que olhos lindos!, pensei.

Billy, todo simpático, imediatamente levantou e falou:

— *Hi*, meu nome é Billy. Você é a Cris?

— Sim, eu sou a *crazy* que deixou aquela mensagem, mais louca ainda, em seu telefone.

Ele riu, eu ri... E, ao olhar fundo nos olhos dele, não me pergunte por que, mas senti que o conhecia há muitos anos. Senti uma paz tão grande. E a certeza — no meio de tantas incertezas — de que estava conhecendo alguém que fazia parte da minha família.

Passamos horas conversando, no melhor e mais longo encontro da minha vida. Chegando em casa, deixei meus sonhos livres, leves e soltos, e mentalmente revi o encontro inteiro como um filme — com final feliz, claro! Quantas expectativas, curiosidades e frios na barriga estavam por vir!

No dia seguinte, nada dele. Nem uma mensagem ou ligação. Eu disse NENHUMA. Veja bem, como já te falei, naquela época eu não podia, sequer, segui-lo no Instagram para dar uma espiadinha e saber o que ele estava fazendo. Vim da era primata no que se refere às redes sociais!

Talvez ele não tenha gostado de mim, estava só sendo educado.

Os pensamentos tomavam conta de mim — mais uma vez!

Por que ele não me ligou? Por que eu usei a filha da mãe daquela blusa pink? O Billy, que está divorciado há sete anos e é pai de duas filhas. Será que ele decidiu voltar com a ex-mulher?

Passou um dia. E depois outro... e nada! Para mim, já era uma guerra perdida. Eu havia falhado de novo. Já estava conformada em voltar para casa sozinha, com a cabeça baixa e o rabinho entre as pernas. Até que o telefone tocou. Era ele.

Ao ouvir aquele sotaque de gringo querendo fingir que fala português, meu coração explodiu:

— Oi, Cristiane, tudo bem?

E depois desse "tudo bem?", ficamos quase duas horas ao telefone. Não me pergunte como eu ele conseguiu me entender, com aquele meu inglês com sotaque. Talvez o Deus da minha avó Geny exista e faça mesmo grandes milagres! No final, rolou um convite para jantar no dia seguinte em um restaurante francês ao lado do meu apartamento. *Aiiii, não vou nem dormir de ansiedade!*

Pensei muito em não aceitar. Eu seguia aquela "regra" de fingir não estar disponível por 24 horas. Conhece? Aposto que você já fez isso. Ele havia sumido uns dias e não podia mostrar que estava disponível. Precisava fazer aquele tipo básico, né? Mas, por outro lado, não tinha tempo a perder. Estava prestes a voltar para o Brasil! Decidi jogar todas as “regras” fora e aceitei o convite.

Assim que disse “sim”, a tal guerra para vencer o território de minha mente começou novamente, claro!

Acho que não tenho roupa nenhuma que preste no meu guarda-roupa. Que horas será que o shopping abre?! Sabia que devia ter colocado na mala aquele vestido preto! Eu fiz muito mal a mala. Aquele vestido seria perfeito!

Para, Cristiane!

Respirei um pouco e tentei não pensar. Até que...

E se ele não gostar de mim? E se a comida estiver com muito alho e eu ficar com bafo? Por favor! É só um simples jantar! Como pode uma mulher adulta e independente, em questão de segundos, se tornar uma menina insegura e completamente vulnerável?

Você já se sentiu insegura assim também?

SETE ANOS EM SETE HORAS

Nos encontramos às 19 horas em um restaurante francês supercharmoso a três quadras do meu apartamento. Quando nos sentamos, o garçom nos ofereceu um vinho e, ao tomar o primeiro gole, queria, simplesmente, congelar o tempo. Isso mesmo! Tipo estar em uma máquina do tempo e apertar o *pause* — aqueles dois risquinhos, um do lado do outro, sabe?

Era como se a Terra estivesse no eixo com tudo perfeitamente em harmonia. Não havia tristeza, ódio ou qualquer sentimento que não fosse relacionado ao amor e à gratidão. “Obrigada” era tudo que eu conseguia pensar.

Que lugar perfeito, que noite perfeita, que companhia perfeita e que olhos perfeitamente azuis que não param de me hipnotizar! Será que eu mereço isso? Não me entenda mal, é que isso é o tipo de coisa que acontece com a Paty, com a Roberta, que têm o cabelo loiro lindo, barriga sarada e peito grande. Mas comigo? Quem sou eu? #MeBelisca

No decorrer da noite, conversamos sobre tudo e sobre todos. Tínhamos a intimidade de dois amigos de longa data que aguardavam ansiosos notícias sobre pessoas queridas. Rimos daquele recado maluco que deixei para ele no dia em que conheci a Monica, falando que "eu seria a esposa dele". Rimos também das diferenças de nossas famílias, que têm culturas bem diferentes.

Enquanto eu sou a caçula de seis irmãos e minha família gosta de fazer tudo junto e adora se meter um na vida do outro, Billy é o caçula e tem uma única irmã, seus pais são super-reservados e preservam a privacidade acima de tudo. Ele contou, por exemplo, que nunca viu os pais se tocando ou se beijando em público. Imagina isso? Para os brasileiros, é algo quase impossível! A gente abraça até quem não conhece direito, né? A família de Billy é de uma cidade chamada Fargo, no estado de Dakota do Norte, nos Estados Unidos. Por lá, há praticamente apenas noruegueses e outros descendentes de europeus do norte. Isso significa que são pessoas amigáveis, mas bem diretas e práticas. Ah, e o frio é muito intenso. Fargo é coberta pela neve por quase seis meses, e é considerada uma das cidades mais frias do mundo. *Brrrrrr...*

Ele contou que era uma pessoa caseira e que um de seus hobbies favoritos era a fotografia. Achei fofo. Bom, falamos sobre uma das coisas que mais adoro conversar: filmes! Ele, como produtor de cinema, tinha conhecimento e experiências fascinantes. Mas quando descobri que, na opinião dele, um dos filmes mais românticos era o mesmo que eu achava, quase caí da cadeira! Praticamente falamos juntos: *As pontes de Madison*, com Meryl Streep!

Gente, para gostar desse filme, esse homem dever ser romântico e sensível. Acredito que filmes e músicas revelam a alma de uma pessoa. Eu vou perguntar qual a banda favorita dele! Só falta ele falar que é o U2! Aí vai ser um sinal!

— Qual a sua banda ou cantor favorito?

E foi então que ele disse tudo que eu precisava ouvir naquela noite:

— *U2, Bono is my man!* (U2, o Bono é o cara!)

Paaaaara tudo que depois dessa eu estou com vontade de ir no carro pegar o buquê que coloquei no porta-malas e voltar pronta para a cerimônia! #Apaixonada

Mas de tudo o que falamos, a parte que mais fez eu me encantar com ele foi ouvi-lo falar do amor que tinha por suas duas filhas. Mesmo eu nunca tendo sonhado com um príncipe que chegasse a cavalo com dois poneizinhos atrás, naquele momento, tudo parecia simplesmente perfeito!

O jantar acabou e Billy me deixou na porta do prédio. Ao olhar para aqueles olhos azuis lindos dele, a coisa mais fácil de fazer foi não dar uma de difícil e o convidar para entrar. #QueHomem!

Ficamos conversando até às sete horas da manhã! Mas parecia que o conhecia há sete anos. Já sei o que você está pensando. Mas não, não rolou nada. Os assuntos não acabavam, e ele não conseguia ir embora — nem eu queria que fosse. Sabe quando você quer que o momento dure pra sempre? Eu olhava para ele e era como se eu sentisse saudade dos momentos que ainda não tínhamos vivido. Estranho, né? Eu nunca tinha me sentido assim com ninguém.

Naquela noite, Billy me contou que estava se arriscando a escrever um livro chamado *Scar* (Cicatriz).

— *Wow*, que nome forte, *Cicatriz*! Me fala mais a respeito...

E foi então que ele abriu seu coração e começou a me contar mais a fundo sua história...

Contou como foi difícil a fase que passou depois do divórcio. A dor de não poder ficar com suas filhas pelo tempo que quisesse e a sensação de fracasso o fizeram começar a abusar do álcool, e ele acabou se internando num programa de reabilitação por 28 dias. A ideia do livro veio na época em que ele estava nesse programa, mergulhando fundo em suas dores e conhecendo a história de pessoas que eram muito diferentes dele, mas tinham algo em comum: todas carregavam cicatrizes emocionais que tentavam esconder.

E foi nesse instante, ao perceber uma lágrima saindo daquele oceano azul, que eu me apaixonei por aquele homem que tinha acabado de conhecer!

É tão difícil encontrar um homem capaz de expressar sua vulnerabilidade com tanta sensibilidade. #DeveSerMiragem

— Quando você vai publicar esse livro? Posso ler?

Billy disse que o livro não estava pronto ainda, e que se sentia muito inseguro para mostrá-lo para mim. Vi nele partes de mim — o medo, a insegurança. Contei que tinha uma parte de mim que queria escrever outro livro, mas tinha medo de que não fosse tão bem-sucedido como o *Divas no divã*.

Depois de abrirmos nossos corações de uma forma rasgada, expressando nossos medos, inseguranças e dores, falamos sobre o nosso sonho de escrever livros e fazer filmes que transformassem o mundo. Começamos a criar roteiros e a rir com nossas ideias. Parecia que o tempo tinha parado, e éramos somente eu, ele e aqueles olhos azuis me hipnotizando.

Foi então que ele pegou minha mão e teve a coragem de perguntar:

— Posso te beijar?

Não precisei responder, acho que o meu olhar dizia o que a minha boca desejava ardentemente. E, como que impulsionados por uma força maior, começamos a nos beijar loucamente! #HomemDosMeusSonhos #MelhorQueOBinho

Quando nos despedimos — depois de um bom tempo nos beijando — e ele foi embora, queria gritar, sair na rua conversando com o carteiro e o padeiro sobre a noite maravilhosa que tivera. Me contentei em ir para a sacada do meu apartamento, olhar para o céu estrelado e sonhar que, talvez, finais felizes também aconteçam na minha vida!

Será?!

NO CAMINHO PARA SAN JOSE

No dia seguinte desse nosso encontro inesquecível, Billy tinha que ir para San Jose com a Monica para realizar um de seus grandes sonhos: ver seu filme divulgado em um festival de cinema. Eu estava feliz por ele, mas o problema é que ele só voltaria em quatro dias — exatamente o tempo que eu tinha antes de voltar para o Brasil.

E agora, o que eu faço? Será que ele também está pensando em mim? Será que ontem à noite foi tão bom para ele quanto foi para mim? Será que devo fazer algo?

Nossa, quanta coisa passou pela minha cabeça. Era uma mistura de ansiedade, medo e alegria. E, sem compreender como o meu cérebro funcionava, tentava controlar meus pensamentos "negativos" com meditação, livros do Tony Robbins e frases de Louise Hay coladas no espelho: "Eu confio no processo da vida"... Mas nada adiantava! Cada vez que olhava no relógio, minha ansiedade aumentava.

Sabe de uma coisa? Vou enviar uma mensagem. Por que não? Estou indo embora mesmo. Como uma mulher independente e que sabe o que quer, resolvi mandar um "Oi, tudo bem?", sem carinhas felizes nem muita empolgação.

Trinta minutos se passaram e nada de resposta.

Putz, não deveria ter sido tão seca. Devia ter colocado uma carinha feliz, pelo menos. Isso teria feito toda a diferença.

Ele não respondeu, e o silêncio dizia tudo.

Ele não se importa, claro que não se importa. Sou apenas mais uma, uma ninguém que não merece encontrar um grande amor. Por que eu? Existem tantas outras mulheres melhores do que eu no mundo, por que ele iria me querer? Imagina quantas mulheres interessantes ele está encontrando nesse festival de cinema?

Finalmente me levantei da cama, escolhi minha calça de moletom mais confortável e comecei a assistir à série *Sex and the City,* uma das melhores formas de terapias grátis naquele momento da vida. Não havia nada que Carrie Bradshaw não conseguisse curar em mim.

Fui jantar com a Malu e o Roberto, aquele casal de amigos brasileiros que a Ana me apresentou assim que cheguei em LA, e contei toda minha saga para eles — desde o meu sonho até sobre encontrar o Billy.

— Que história louca! E agora ele está nesse festival e você vai embora para o Brasil?— perguntou Malu.

— Pelo jeito vai ser isso. Ele não me ligou até agora e eu não posso fazer mais nada.

De repente, meu celular tocou.

Não pode ser!

Era ele!

Será que é uma piada de mau gosto? Será que a Malu colocou o número dela no contato do Billy só para eu pensar que ele me ligou e eu não ficar triste? Até parece que ele deixaria um dos eventos mais importantes da vida dele para me ligar.

Mesmo cheia de receios, atendi a ligação:

— *Hello?* — disse com uma voz de menina insegura fantasiada de mulher poderosa, sabe?

— *Hi,* Cris, sou eu, Billy.

— Oi! Como está o festival?

— Está tudo bem, e você?

— Sim. Vim jantar no hotel Four Seasons com aquele casal de amigos de quem falei para você, a Malu e o marido dela.

— Legal, nos falamos mais tarde, divirta-se!

Fiquei tão feliz com aquela ligação! Mesmo estando em um festival a quatro horas de distância, ainda estava pensando em mim! O que significava que o dia anterior realmente acontecera e não fora só um alucinógeno que alguém colocou em minha vitamina de manhã. Fiquei lá — sorrindo de orelha a orelha —, feliz da vida, continuei conversando com meus amigos e pedi um bolo de chocolate. Pensei nas calorias, mas minha ansiedade falou mais alto. Quando chegou a sobremesa, meu telefone tocou de novo — sim, era ele de novo.

— Oi, Cris, tudo bem por aí?

— Tudo, sim, Billy. E você, vendo muita coisa legal por aí?

— Sim, vou começar a ver um filme de romance.

— Ah, amo romances! Qual é a história?

— Pelo que eu estou vendo da personagem principal, sinto que vai ser uma história fascinante. Ela está linda, até mesmo enquanto devora um bolo de chocolate tamanho família.

Coloquei meu garfo no prato todo sujo de chocolate e olhei pra frente. Sim. Ele estava lá! Era ele! Eu só conseguia pensar que aquilo não estava acontecendo. Só conseguia enxergar seus olhos azuis. Estava completamente hipnotizada por seu sorriso e, quando finalmente nossas mãos se tocaram e os braços se entrelaçaram em um abraço apertado, ele sussurrou em meu ouvido:

— Você sabe que sou tímido para te beijar em público como gostaria, mas depois que sairmos daqui, vou te beijar como você merece!

Apresentei o "meu" famoso Billy para a Malu e o Roberto, conversamos, rimos e finalmente ficamos a sós.

— Voltei antes do Festival, que era um dos meus grandes sonhos, porque estava com medo de nunca mais te ver. Eu não podia deixar isso acontecer, porque não tem sonho maior do que encontrar uma mulher como você!

Depois que meus amigos foram embora, passamos mais uma noite em claro. Eu tinha medo de dormir e, ao acordar, descobrir que tudo não tinha passado de um sonho. Entende?

Na hora de ir embora, ele olhou no fundo dos meus olhos e falou:

— Você vai me achar louco, mas vou te dizer uma coisa, pois não consigo guardar. Quando olho para esses olhinhos marrons lindos que você tem, só consigo te falar uma coisa: "eu te amo"... *I love you!*

— Você pode me chamar de louca, mas eu também te amo!

Ele olhou fundo nos meus olhos, como se enxergasse a minha alma. Nos abraçamos. Foi um abraço tão forte. Daqueles que não dá para largar. Ficamos assim por quase meia hora, e nós dois começamos a chorar... de soluçar! Eu me senti protegida, valorizada e olhada como nunca tinha me sentido antes. Era como se ele enxergasse em mim a mulher especial que eu tinha dificuldade de reconhecer em mim mesma.

E foi então que ele pegou na minha mão, me olhou emocionado e falou:

— *There is no way back!* (Agora, não tem mais volta!)

Feche os olhos, abra a sua imaginação, e, por favor, siga em frente na leitura, porque eu não vejo a hora te contar o resto da história...

AMIGAS®

BOOK CLUB

Agora é o momento de abrir o coração e deixar Deus agir. Use essas perguntas para compartilhar suas histórias, suas lutas e descobertas. Juntas vamos rir, chorar, orar e lembrar que somos filhas mimadas de um Pai que conhece cada detalhe da nossa caminhada.

1. Você se permite ser vulnerável nos relacionamentos?
2. Que atitudes em sua vida precisariam ser mais corajosas para o amor entrar?
3. Que "encontros às cegas" a vida já te ofereceu?

"Guarda o teu coração, porque dele procedem as fontes da vida."

PROVÉRBIOS 4:23

9.

SE DIZ QUE VAI LIGAR... LIGA!

"Melhor é serem dois do que um [...]
Se um cair, o outro levanta."

ECLESIASTES 4:9-10

O SOL NASCEU. SÁBADO FINALMENTE CHEGOU E, COM ELE, MINHA volta para o Brasil. Não estava voltando acompanhada, mas meu coração estava cheio de amor e esperança! Passei o voo todo pensando:

Não acredito que encontrei o grande amor da minha vida e o deixei em Los Angeles! Agora o Luiz Augusto de Alcântara Terceiro da primeira classe pode catar coquinho, porque ele perdeu a oportunidade de encontrar a mulher da vida dele. #PerdeuSuaChance #Bobeou

Assim que cheguei em casa, a primeira coisa que fiz foi mandar um e-mail para Billy. No momento em que apertei "enviar", o arrependimento tomou conta de mim. Foi como se eu tivesse acordado para a realidade com um sopro gelado na nuca.

O que eu estou fazendo? Eu fui, vi, vivi e voltei SOZINHA. Esse sonho acabou, preciso tocar minha vida e recuperar o tempo perdido, mesmo ele sendo o homem mais especial que já apareceu. Esse americano não é pra mim. Imagina, divorciado e com filhas? E se as filhas deles me virem como uma madrasta malvada e me odiarem? Já imaginou a bagagem emocional desse cara? Quase do mesmo tamanho da minha, e meu carro não tem porta-malas, amiga.

Nos dias seguintes, tentei de todo o jeito me libertar daquele sonho ou da ilusão que vivi na última semana que passei em LA e me joguei de alma e coração na nova temporada da comédia *Divas no Divã*. Trabalhava cerca de catorze horas por dia ensaiando, promovendo, escrevendo artigos para jornais e revistas sobre o universo feminino, e tentava ocupar minha cabeça para não pensar em nada que me lembrasse que aquele gringo existia.

Veja bem, ele não foi um canalha comigo. Respondeu meu e-mail dizendo que estava com saudade e que pensava em mim, mas não estava comigo.

Para quantas mulheres será que ele já mandou um e-mail assim? Dez? Quinze? Por que ele não escreveu mais nada?

Meu cérebro já agia por conta própria e eu era apenas espectadora do drama que acontecia em minha mente. Billy sentado na cadeira do escritório escrevendo o e-mail enquanto uma loira linda fazia massagem em seu ombro.

Claro, era isso!

Paaaaara de ficar pirando e deixa a coisa acontecer, Cristiane!

Enquanto estava pegando minha bolsa para visitar minha avó Geny, distrair minha mente ansiosa e matar a saudade do melhor bolo de banana do mundo, ouvi aquele barulhinho do e-mail e, com frio na barriga, li:

> Hi, Cris,
>
> Como você está? Não consigo parar de pensar em você. Não consigo por um minuto esquecer do seu sorriso. Você também pensa em mim assim?
>
> Love,
>
> Billy

Meu coração parecia que ia sair pela boca!

Será que ele está sendo verdadeiro? Será que eu sou boa o suficiente para ele? Será que ele realmente gosta de mim?

Fui para minha avó com um sorriso no rosto. Talvez não fosse tudo verdade, mas aquela mensagem fez a minha noite. No dia seguinte, respondi:

> Oi, Billy,
>
> Estou bem, mas estaria melhor se você estivesse aqui ao meu lado me abraçando.
>
> I miss you… (Saudades…)
>
> Cris :)

Os dias se passaram e o contato continuou — diariamente. Ele era tão sincero em suas palavras, tão profundo! A cada parágrafo que lia, me enchia de esperança de que, talvez, os homens não fossem todos iguais e que, em uma cidadezinha remota desse planeta Terra, houvesse um homem pra mim. Estranho era pensar que se aquele realmente fosse o homem enviado por Deus, por que ele moraria tão longe de mim, em uma cidade da qual nunca nem ouvi falar?

Em poucos dias, nossa comunicação passou do e-mail para o telefone. Billy falava que escutar minha voz trazia alegria a ele e que queria me visitar. Não, eu não disse para ele vir. Falei que durante os próximos dois meses seria impossível, pois o trabalho estava tomando conta da minha agenda praticamente 24 horas por dia. Pedi desculpas e disse que avisaria assim que surgisse uma data propícia para nosso encontro.

Ele pareceu um pouco decepcionado, e desligamos o telefone. Poucos minutos depois, escutei o *plim* do meu computador e li um dos textos mais lindos da minha vida:

> Cris,
>
> Acabei de desligar o telefone com você... Acho que não vou conseguir dormir, então vou te mandar uma cópia do que eu chamo de 'Manifestação do Billy', que escrevi há um ano:
>
> 'Eu escolho encontrar uma mulher bonita, que goste de viajar. Que tenha uma base espiritual, que seja honesta, saudável mental e fisicamente, amorosa, espontânea, bem-sucedida em seus próprios termos, que apoie minha carreira e minhas filhas, que seja gentil, sensível, feminina, sexy e compassiva, que não julgue, que seja curiosa, inteligente e aberta à vida. Que queira dividir meu amor por música, arte e filmes, que esteja disposta a se recolocar por esse relacionamento, que tenha senso de humor e escolha viver inteiramente e alegremente.'
>
> Essa pessoa é você? Até mesmo tentar descrever o que eu estou sentindo me parece loucura. O único jeito que consigo expressar meu sentimento é pensar em mim e em você deitados na cama, olhando nos olhos um do outro. Eu me sinto tão conectado com você — e

não é só por ter ficado vidrado em seu olhar. A gente ficou conversando por horas e horas. Você me intriga. Você me fascina. Você me entende.

Esperei por tantos anos para encontrar alguém como você. Não, não alguém como você. Eu esperei por você. Eu me sinto tão otimista quando penso em nosso futuro juntos. No passado, se alguma mulher falasse a palavra 'casamento' ou 'compromisso sério', eu ficava assustado pra caramba. Com você, quando penso sobre o futuro, meu coração sorri. Não quero te assustar. Sei que estou me apaixonando muito rápido, mas como não me apaixonar? Você já fez tanta coisa em seus poucos 28 anos. Você é mais sábia do que pensa. Eu me sinto abençoado e muito sortudo por ter encontrado você. Esses próximos meses não serão fáceis, mas estou pensando como se fosse um projeto de trabalho. Essa é a fase para que eu arrume uns detalhes por aqui para continuar a conhecer você, continuar a me apaixonar por você, para sonhar com você e orar com você.

Love,

Billy

Quando terminei de ler, era como se uma cachoeira de amor estivesse nascendo em mim. Como se as dúvidas fossem dando espaço para que a confiança e o amor florescessem. Ninguém nunca havia escrito algo desse tipo para mim — e nunca pensei que um dia alguém escreveria.

Agradeci a mensagem e disse que também me sentia assim. Mas acho que não fui tão bem-sucedida, pois ele não me respondeu naquele dia. *Tudo bem. Talvez ele esteja ocupado*, pensei antes de dormir.

No dia seguinte, a primeira coisa que fiz ao acordar foi checar o bendito computador. Sem e-mails novos do Billy por quase três dias nem das Casas Bahia para avisar que era dia de promoção de liquidificadores. Comecei a entrar em pânico!

Continuei com meu dia — casa, trabalho e academia para perder os quilos extras que ganhei comendo tanta coisa gostosa e diferente na terra do Tio Sam. Chequei meu computador e nenhum e-mail novo! Fui dormir sem entender direito. Será que esse Billy estava me trolando? Será que era uma brincadeira de mau gosto? Afinal, quem eu pensava que era para ter conhecido um príncipe encantado dessa forma? Era sexta à noite e, obviamente, ele deveria estar se divertindo com os amigos ou alguma "amiga"!

Deus, me liberte de mim mesma! Eu não paro de pensar besteira!

Amanhã vou marcar um horário para fazer as unhas e conversar com a Dalva. Preciso relaxar e receber uns conselhos. #SantaDalva #MelhorTerapeuta

Olhei para minha cama vazia e me senti sozinha. Mais uma vez. A tecnologia e a internet ajudam, mas não suprem a necessidade do toque, do abraço, do carinho. Estava de volta havia doze dias, mas parecia que nunca tinha saído de casa. O trabalho ocupava minha mente, mas todas as vezes que deitava em minha cama, o vazio tomava conta de mim.

Sentia-me uma perdedora. *Caramba, anunciei aos sete mares que iria para os Estados Unidos ao encontro do meu grande amor "enviado por Deus" e agora estou aqui, sozinha.* Cheguei até mesmo a cogitar que seria melhor nem ter conhecido Billy. A dor da solidão é melhor do que a dor do amor não correspondido. Era isso que eu pensava para me proteger... Mesmo tentando pensar mais positivo, sentia-me rejeitada e abandonada. Foi então que, percebendo minha mente sendo bombardeada por medos e inseguranças, comecei a me questionar:

Por que Billy desapareceu? Será que eu não sou merecedora dele? Que parte minha não consegue acreditar que eu posso ser a mulher mais especial que ele já encontrou também? De onde vêm esses pensamentos que me impedem de reconhecer meu verdadeiro valor e me fizeram aceitar, por muitos anos, migalhas de amor?

Naquela época, não sabia exatamente quem era o responsável por desencadear esses sentimentos e pensamentos tão estressantes e contraditórios em mim. Hoje, depois de anos, descobri que o *faraó* que tenta controlar nossos pensamentos e sabotar nossos sonhos tem um único nome: CRENÇA.

Mas não qualquer crença. *O faraó* representa nossas *crenças limitadoras*, aquelas que nos aprisionam nas dores do passado, sabotam o potencial do nosso futuro e nos tornam prisioneiras no nosso Egito interior. *Crença* vem do latim *credentia*, que significa "opinião que se adota com fé e convicção". De acordo com Aaron Beck, pai da Terapia Cognitiva, elas são consideradas verdades absolutas.

Mas essas "verdades" que tentavam me colocar para baixo e roubar os momentos lindos que tinha vivido com Billy começaram a ocupar minha mente havia muitos anos. Em uma época em que, assim como os israelitas na história de Moisés, eu não era uma mulher *normal* escravizada, mas uma criança livre!

LÁ DA INFÂNCIA

Como já te contei, eu era uma criança alegre, livre e divertida, que não perdia a oportunidade de fazer uma piada ou dançar um sambinha. Mas por ser a caçula da família, cresci ouvindo coisas do tipo: "A Cristiane é café com leite!", "A Cristiane está brincando, mas não está valendo".

Quando íamos almoçar todos os domingos na casa de minha avó Geny, meus irmãos e primos adoravam brincar de *As Panteras*, um programa de televisão daquela época. Meu irmão era o chefão (o Charlie!), minha irmã e nossas primas eram as heroínas e meu primo, o bandido. Eu? O máximo que a caçula aqui conseguia de "destaque" era ser a personagem assassinada nos primeiros quinze segundos da brincadeira! #Injustiça

Em vez de apenas pensar: *Meus primos e irmãos não querem brincar comigo* ou *Eles não gostam de mim*, comecei a acreditar: *Eu sou rejeitada e não tenho valor.*

Não sei o que você passou em sua infância ou o que está passando agora, mas preste atenção em suas crenças e nos pensamentos que elas desencadeiam.

Por exemplo, pode até ser verdade que seu chefe não te valorize ou que ele esteja te rejeitando. Mas isso não tem nada a ver com quem você é como pessoa. Quando você passa a *acreditar* que a culpa é sua com pensamentos como: *O meu chefe não me valoriza porque eu não sou boa o suficiente,* começa a desenvolver uma crença a respeito de quem você é, e isso se torna mais do que um simples pensamento, torna-se sua identidade! Entre todas as suas crenças, a mais importante e que tem o poder de influenciar os seus pensamentos é a crença a respeito de quem você é — A SUA IDENTIDADE — e quem você acredita ser, mesmo que, muitas vezes, não seja verdade!

Foi com essas crenças limitadoras que a identidade de uma menina "café com leite", que se sente rejeitada e dependente da valorização de si pelos outros, começou a ser formada — e acabou sendo aprisionada dentro do coração de uma mulher "poderosa e independente".

LIGA PRA MIM, *PLEASE*!

Minha mente estava enlouquecida de ansiedade e rezando para Deus ou Santo Expedito fazer Billy me enviar um e-mail ou me ligar. Acabei enviando um "oi, saudades!" em português, e nem assim ele respondeu.

Devia ter enviado em inglês mesmo! #Arrependida

Para tentar me acalmar, antes de dormir, em vez de tomar calmante ou Maracugina como fazia, decidi começar a ler novamente a história de Moisés. Desde aquela noite em Los Angeles, nunca mais tinha encostado na Bíblia! Mas algo continuava me inspirando a procurar respostas para os questionamentos da minha vida moderna naquele livro antigo. Mesmo ainda achando que essa ideia poderia ser algum tipo de distúrbio ou desespero!

Anos depois desse dia em que estava DESESPERADA para receber a ligação do Billy, eu li o livro *Como Deus pode mudar sua mente — Um diálogo entre fé e neurociência*, dos neurocientistas Mark Robert Waldman e Andrew B. Newberg (editora Prumo), e comecei a me interessar mais seriamente por estudar a influência que a fé em Deus tem em nossa saúde mental. Mas naquela fase da minha vida, ao mesmo tempo que algo me atraía a ler aquela a Bíblia, outra parte de mim dizia que era perda de tempo.

No livro, os autores revelam novas pesquisas sobre a influência da fé e de práticas espirituais em nossa mente, bem-estar e saúde.

Além de alterar a neuroquímica cerebral, oferecendo-nos a sensação de paz, felicidade e segurança, a fé reduz os sintomas de ansiedade, depressão e estresse, e ainda fortalece as funções neurais de áreas do cérebro suscetíveis a várias doenças, como o Mal de Parkinson e o Alzheimer. E eles explicam sobre o efeito que a fé em Deus tem em nossa mente:

> Se você considerar Deus por tempo suficiente, algo surpreendente acontece no cérebro. O funcionamento neurológico começa a se modificar [...] É por isso que eu digo, com a máxima confiança, que Deus pode modificar seu cérebro. E não importa se você é cristão ou judeu, muçulmano ou hinduísta, agnóstico ou ateu.

Para mim, uma das pesquisas mais interessantes mostrada no livro se relacionava aos benefícios que a fé em um Deus amoroso e protetor tem em nossa vida, e o quanto a crença em um Deus distante e castigador, como aquele em que eu acreditei por muitos anos, pode aumentar o estresse, o medo e a ansiedade. Olha aí novamente o poder das nossas crenças!

Voltei à leitura da Bíblia e achei fascinante que, antes de se tornar o líder que libertaria seu povo, Moisés teve que se libertar de suas crenças limitadoras e descobrir sua verdadeira identidade.

O nome Moisés significa "tirado das águas", pois depois que sua mãe o colocou naquela cesta no rio, ele foi resgatado por uma mulher egípcia, no caso a princesa do Egito, filha do faraó. #Bafo. Assim, Moisés foi criado com os costumes e valores egípcios.

A história diz que quando Moisés já era um homem, começou a se dar conta das terríveis condições em que viviam e trabalhavam seus irmãos. Um dia, por exemplo, viu um egípcio bater em um de seus irmãos hebreus! Ah, ele não se conteve. Olhou para um lado e para o outro, para se certificar de que ninguém mais o via, e matou o egípcio! #DoidoMasCorajoso

Naquele momento, ele precisou escolher se iria proteger o soldado egípcio que foi criado para proteger ou se iria assumir sua identidade de hebreu e proteger seu povo. Isso quer dizer que, primeiro, Moisés teve que "assassinar" sua falsa identidade de egípcio para depois assumir sua verdadeira identidade como líder dos hebreus.

Em minha interpretação terapêutica, e vivendo um momento cheio de ansiedade, aprendi que, assim como Moisés, há uma hora em nossa vida que precisamos escolher entre quem o mundo nos fez acreditar que somos e quem verdadeiramente somos! #AnotaPorFavor

Para me permitir viver a grande história de amor com Billy, precisava deixar morrer a "Cristianinha café-com-leite" que acreditava não ter valor nem merecer amor. Sem fazer isso, continuaria com medo de sofrer e encontraria mais desculpas para voltar a fazer parte do clube das #MeBasto.

Percebi, em minha vida e na vida de muitas das mulheres das quais fui terapeuta, que não conseguimos viver a história extraordinária que Deus tem reservada para nós sem antes nos libertarmos das histórias medíocres que ouvimos e nas quais acreditamos a respeito de quem somos! #Liberte-se

MY CRAZY FAMÍLIA BRASILEIRA

As manhãs de domingo lá em casa são sempre uma bagunça. É dia de feira, dia de dar banho nos cachorros, dia daquele café da manhã demorado — o que, para a minha família, é um momento sagrado em que colocamos a conversa em dia entre beber um cafezinho e comer um pãozinho na chapa quentinho. Mas aquele domingo foi diferente. Mesmo triste pelo fato de não ter falado com o Billy nos últimos dias, aquele cheirinho de café fresco estava alegrando meu dia. Quando meu pai voltou da padaria, não tinha apenas um saco de pão francês embaixo do braço. Ele entrou na cozinha com um meio sorriso, tipo quando a pessoa está segurando o riso, sabe? E me pediu para ir até a sala.

Foi com meu pijama com um rasgo embaixo do sovaco que vi Billy em pé na sala da minha casa! Mas eu não estava prestando atenção à roupa dele, que, graças a Deus, não era uma camiseta florida do tipo "sou gringo e não nego", nem nas flores que ele segurava nervosamente. Mais uma vez, não enxergava mais nada, só seus olhos azuis.

Será que estou sonhando? Não. Se fosse sonho, meu cabelo não estaria daquele jeito, todo despenteado, e meu pijama não estaria rasgado.

Ele me abraçou e o mundo parou de girar naquele momento. Não havia mais nada nem ninguém no mundo além de mim e dele. Naquele dia, o silêncio e nossos olhares disseram tudo.

Seus braços me diziam que eu estava segura, que nada de ruim jamais poderia acontecer comigo enquanto eu estivesse com ele. Seu tronco forte, coração acelerado e suor me falavam da ansiedade que sentia em me ver. Seu sorriso mostrava como ele estava feliz. Mas os olhos! Ah, os olhos! Eles gritavam: "Eu te amo". E em meio a essa linguagem do amor, mal conseguia manter os pés no chão.

E agora? O que eu faço com esse homem que resolveu aparecer de surpresa?!

Não precisei encontrar essa resposta. Minha família, que se mete na vida um do outro, resolveu tudo. Assim que minha irmã Graciela, responsável pelo departamento de comunicação interno de nossa família, para não falar #Fofoqueira, descobriu que o "gringo que a louca da Cris conheceu em Los Angeles" estava no Brasil, ligou para todo mundo que ela podia. Sua família também é assim?

Apresentei Billy a todos! E, olha, não ter planejado foi o melhor plano que poderíamos ter feito. Na hora do almoço, meus irmãos, irmã, sobrinhos e alguns amigos próximos, como a Vera, que não perde a oportunidade de checar o que está acontecendo, foram almoçar em casa. Todos receberam meu gringo com beijos e abraços.

Só minha querida avó Dona Geny que não estava gostando nada de Billy falar uma língua que ela não entendia.

— Como vou saber se esse gringo é realmente um homem bom, de família? Não entendo nada que ele fala! Que língua mais esquisita!

Apesar da minha tradução e dos sorrisos de Billy, a danada da velhinha não se convencia.

Minha avó foi quem Billy mais tentou impressionar. Afinal, era a matriarca da família. Ele tentava se comunicar com ela "nessa língua bagunçada de inglês", como ela dizia, e me pediu para sentar entre os dois e traduzir a conversa. Foi moleza! Traduzi só o estritamente necessário para fazer os dois sorrirem, né? Papo vai, papo vem, Billy se empolgou! Achou que estava entendendo tudo e fez o sinal de *O.K.* com as mãos.

PARA TUDO!

Não, ele não estava fazendo o *OK* que estamos acostumados. Nos Estados Unidos, esse gesto é feito juntando o dedo polegar com o dedo indicador, e deixamos os outros três dedos para cima. Sim, amigas, o mesmo que nós usamos para falar "*vai para aquele lugar*".

Vi a cena em câmera lenta. Enquanto Billy levava a mão para fazer o sinal obsceno, pensando que estava sendo supersimpático, silenciosamente eu pensava: *Nããããããããooooo*, enquanto minha avó levava as mãos à cabeça, falando: "Griiiingoooooo maaaaaaal-criaaaaaaaaadoooo".

Olha, foi um tremendo Deus nos acuda. De um lado, vovó dizendo que Billy era um gringo sem educação, que tinha mandado ela para aquele lugar, e eu tentando desesperadamente explicar a situação para a Dona Geny. De outro, Billy superaflito sem saber o que estava acontecendo naquele mar de gritos e risadas.

Enquanto isso, o jogo do Coringão começava na televisão, e meu pai, torcedor roxo, ignorava toda a confusão (queria ter essa plenitude!), e ainda pediu para eu traduzir para Billy que aquele era o futebol verdadeiro, que o americano apenas roubou o nome para outro esporte. Billy, todo simpático, concordou com meu pai e as coisas começaram a melhorar. Até que meu querido irmão Maurício, o rei das gracinhas e que acha que fala inglês, começou a dizer que futebol americano não é coisa para brasileiro, que esse negócio de ficar se agarrando atrás de uma bola era bem estranho. #Vergonha

Pronto, mal Billy chegou e já era a piada da casa. Como traduzir toda essa brincadeira para ele? Eu nem sabia explicar tudo aquilo em inglês! Fora que não queria que ele se assustasse, né?

Preferi dar risada e traduzir apenas a seguinte frase para os olhos azuis que me encaravam ansiosamente esperando a próxima tradução:

— Meu irmão Maurício disse que quer muito ir para os Estados Unidos para você ensinar futebol americano a ele!

Enquanto o pessoal estava rolando de rir pela sala, meu pai chegou com uma bola e começou a freneticamente explicar que a palavra "*foot*" significa "pé" e "*ball*", "bola". Como se o coitado do Billy não soubesse inglês!

Sério, parecia um circo.

Meu pai pedindo para Billy falar com alguém nos Estados Unidos para corrigir esse nome errado, enquanto ele só falava "Uau" sem entender nada do que ninguém falava. O cachorro latindo. O rádio da cozinha sorteando o aniversariante do dia para ganhar um bolo da Doceria do Vale. O jogo do Corinthians rolando na TV e todo mundo rindo e tentando falar mais alto que o outro.

Isso tudo em uma língua que Billy não entendia. Mas, mesmo assim, ele mantinha o mesmo doce sorriso.

Estou com medo de ele se assustar com a minha família e fugir daqui!, pensei inúmeras vezes naquele dia.

Mas, no final, tudo deu certo. Quer dizer, quase tudo deu certo. Na hora do jantar, quando pedimos pizza, dona Geny ficou chocada ao ver o meu gringo comendo com as mãos. E nada a fez acreditar que aquilo fazia parte da tradição norte-americana e que não era falta de educação da parte dele.

Todos os dias, ele me ensinava uma coisa nova, como comer abacate com sal (eca!). Éramos diferentes, mas nos respeitávamos. Isso era o mais bacana entre a gente. Tentávamos entender o pensamento do outro sempre — entre meu inglês inseguro e o português dele, que não existia.

Realmente, o amor não se expressa apenas por palavras. Não precisávamos entender 100% tudo do que era dito nem por que comer abacate com sal em vez de açúcar. Amiga, se ele continuasse ao meu lado, colocaria sal até no meu café!

Os dias voaram enquanto ele estava no Brasil, e antes que eu pudesse perceber, estávamos no terminal de embarque do aeroporto. Era como se um pedaço de mim estivesse indo embora, e por mais que doesse, estava feliz pela chance de passar aqueles dias com ele. Antes de embarcar, ele disse:

— Cris, não queria ir embora! Queria poder ficar para sempre aqui ao seu lado, mas preciso ser honesto. Você sabe que tenho duas filhas nos Estados Unidos e trabalho no negócio de minha família, que também é lá. Há muitas coisas que me prendem aos EUA. Dizer que posso me mudar para cá seria mentira, apesar de ter vontade. Do mesmo jeito que estou sendo honesto com você, gostaria que você fosse comigo. Você moraria comigo nos Estados Unidos? Não quero te pressionar a nada, mas preciso que saiba que minha vida é lá, e para a gente dar certo, precisamos estar juntos — no mesmo lugar e ao mesmo tempo. Estou completamente apaixonado por você, e quando não estamos juntos, meu coração literalmente dói. Isso não é bom para mim, nem para você. Se não se sentir dessa maneira, respeito sua decisão. Mas preciso seguir em frente caso não queira ir comigo.

Meu cérebro não conseguia pensar em uma resposta.

Ao mesmo tempo em que queria gritar "Sim! Vou com você para qualquer lugar!", minha cabeça estava confusa.

Como decidir algo tão importante? Teria que mudar minha vida! Deixar tudo o que construí no Brasil para trás! E a minha carreira? E o tanto que trabalhei para estrear a peça Divas no Divã? *A peça e o livro são como filhos para mim, e estão indo superbem! Tudo o que havia sonhado em minha carreira está acontecendo. Não é justo largar tudo agora. Ou é?*

Meu coração não pensou duas vezes, olhei para os lindos olhos azuis dele e uma única palavra saltou da minha boca:

— *Yes!*

Ficar longe era a parte mais difícil do relacionamento, mas nos falávamos todos os dias. E Billy veio me visitar sete vezes no Brasil. Sim! Sete vezes! E nem todas foram avisadas. Ele apareceu de surpresa no teatro com flores, na casa dos meus pais com pão quente para o café... Eu mal podia acreditar que tudo aquilo era verdade. Você já viveu algo assim? A sensação era de que nada — nem ninguém — podia atrapalhar nossa relação.

Mas a mesma intensidade de felicidade que sentia quando ele chegava, sentia de tristeza quando ele partia. Era uma dor física mesmo. Meu coração doía. A gente até tinha uma musiquinha cafona para cantar toda vez que ele ia embora. Ter trilha sonora para os momentos é demais, né? Mas estava ficando cansada dessas idas e vindas. Por que ele tinha de ir embora? Até quando seria assim?

Da última vez, antes de ele embarcar, me deu um beijo e um abraço bem forte e, antes de seguir para a parte restrita a passageiros, fiquei paralisada analisando cada fio de cabelo dele e tentando memorizar seu rosto. Até que ele se virou e começou a caminhar em minha direção, #TipoFilme. Meu coração foi a mil e meu cérebro tentava compreender, lentamente, o que estava acontecendo. Billy pegou minhas mãos e disse:

— Escolhi esse aeroporto porque acredito que representa nossa união, o lugar onde nossas diferenças se encontram.

Ele dizia isso enquanto se ajoelhava com uma perna no chão e segurava um anel de diamante lindo em sua mão trêmula.

— Cris, casa comigo?

Sim. Estava acontecendo. Aquele sonho era um sinal.

Eu estava tão extasiada, tão chocada e tão feliz! Em meio a lágrimas e o abraço mais feliz da minha vida, disse:

— SIM!!!

As pessoas em nossa volta começaram a aplaudir e eu só queria gritar alto:

— Obrigada, Deus!

(Nossa, nunca imaginei falar isso...) #AchoQueDeusExiste

AMIGAS®
BOOK CLUB

· Agora é o momento de abrir o coração e deixar Deus agir. Use essas perguntas para compartilhar suas histórias, suas lutas e descobertas. Juntas vamos rir, chorar, orar e lembrar que somos filhas mimadas de um Pai que conhece cada detalhe da nossa caminhada.

1. Qual foi a última vez que você se decepcionou com alguém que não cumpriu uma promessa?
2. Como lidar com a frustração emocional sem se fechar para novas conexões?
3. Você tem sido transparente nas suas relações?

"Melhor é serem dois do que um [...]
Se um cair, o outro levanta."

ECLESIASTES 4:9-10

10.

MY CASAMENTO

"Acima de tudo, revistam-se do amor, que é o elo perfeito."

COLOSSENSES 3:14

DECIDIMOS NOS CASAR NO BRASIL, E OS PREPARATIVOS COMEçaram! Meu pai, que sempre amou festa, samba e dança, disse que queria contratar uma escola de samba para o casamento. Eu, toda feminista, disse:

— Jamais! Mulheres de biquíni dançando para agradar os gringos não têm nada a ver comigo.

— Ok, Cristianinha. Acho que seria bem animado e os gringos iriam amar, mas o casamento é seu, né?

Achei esquisito ele desistir tão rápido da ideia, mas tudo bem. Segui com os preparativos. Parecia um sonho! Tudo o que passava por minha mente quando via minhas amigas casarem estava se materializando! #AgoraÉAMinhaVez!

Vestido, flores, bufê, padrinhos e madrinhas. Adivinha quem foi uma das primeiras pessoas que liguei para convidar para ser madrinha?

— Oi, Paty? Aceita ser minha madrinha?! Vou casar!

— Menina, como assim?! — respondeu Paty, que quase pulou da cadeira da Dalva, a nossa manicure-terapeuta, que, obviamente, já tinha sido avisada de que estaria comigo nesse dia tão especial, não apenas fazendo minhas unhas, mas dando a assistência terapêutica que só ela sabia dar nessas horas.

— Agora nós duas vamos fazer parte do #ClubeDasCasadas.

— Cris, você faz parte do #ClubedasCrazies, né? Que loucura casar com Billy tão rápido! Faz apenas cinco meses que vocês se conhecem. Se bem que te falei, quando você questionou a mesma coisa quando contei que ia casar: "Quando a gente percebe que encontrou um homem totalmente diferente dos outros, não podemos deixar escapar". Parabéns, amiga! Estou muito feliz por você!

Nossa, como a Paty ficou feliz por mim! E como eu estava feliz. Mas antes de continuar com os preparativos, fui com Billy para Fargo. Estava na hora de conhecer a família dele: suas filhas Zara e Isa, seus pais e, claro, minha nova cidade: Fargo, na Dakota do Norte. Estava tão empolgada que, um dia antes da minha viagem, liguei para a Ana, a amiga de Los Angeles:

— Amiga! Você acredita que vou casar e me mudar para os Estados Unidos? Vamos ser praticamente vizinhas! Quem diria, hein?

— Desculpe perguntar, mas quantas vezes você viu seu futuro marido, Cristiane?

Naquele momento, contando nos dedos as vezes em que tínhamos nos encontrado, comecei a gargalhar ao responder:

— Nos encontramos apenas oito vezes, amiga. E vou casar com ele e morar do outro lado do planeta! Pode me chamar de *doida*, mas estou embarcando, literalmente, nessa!

— Querida, estou muito feliz por você! Mas preciso ser sincera, você não está se mudando para os Estados Unidos que conhece: Miami, Nova York, Los Angeles... Fargo é outro mundo. Você vem de uma cidade cosmopolita como São Paulo, com mais de 20 milhões de habitantes, e vai se mudar para uma cidadezinha do interior com menos de 200 mil habitantes. Além disso, você vai se mudar mais para o sul do Canadá, para uma cidade que é fria como o Alasca! É melhor baixar um pouco suas expectativas. Estou preocupada com você e com o que pode te acontecer.

— Ana, entendo suas preocupações, mas não me importa o tamanho da cidade, e sim o tamanho do meu amor por Billy. E eu não ligo para o frio, mas para o calor que sinto quando estou nos braços dele.

— Tá bom, metida a poeta! Quero ver o que vai acontecer quando você estiver naquela cidadezinha no meio do nada, num frio de vinte graus abaixo de zero. Cuidado para sua poesia não congelar! — disse ela, rindo. — Não estou brincando, amiga. Realmente espero que você continue otimista assim. Qualquer coisa, estou em LA para o que você precisar.

Dei uma risadinha sem graça e desliguei o telefone, preocupada. O que Ana estava falando?! Acho que quando as mulheres se divorciam, algumas delas passam do clube das casadas para o #ClubeDas-Cricas! Elas ficam tão decepcionadas depois de tudo que viveram — e deixaram de viver! — no relacionamento que, quando uma amiga vai casar, não conseguem disfarçar o descontentamento. Ou será que Ana está certa?!

Não. Não vou deixar ninguém roubar esse momento especial. Nem o que o meu irmão Maurício fez antes do meu casamento me abalou. Ele chamou a família toda para assistir ao que ele achou que seria um documentário sobre Fargo, mas que na verdade era um filme dos irmãos Coen que mostra o sequestro e assassinato de uma esposa numa cidade gelada e praticamente abandonada. Minha família ficou tão horrorizada que, no final do filme, um dos meus sobrinhos falou:

— Tia, se Fargo for mesmo como esse filme mostra, ainda dá tempo de desistir do casamento!

Eu fiquei com raiva desses irmãos Coen, que usaram o nome de minha nova cidade para colocar num filme daqueles! Agora todo mundo tirava sarro de mim.

Um dia vou encontrar um desses irmãos Coen e vou dar uma bronca neles.

***HELLO*, FARGO!**

Algumas semanas antes do casamento, fui visitar Billy e conhecer melhor minha nova cidade e família.

Ai, que emoção!

Chegando aos Estados Unidos, tive uma escala em Chicago e, de lá, peguei o segundo avião — beeeem pequeno — para uns quinze passageiros. Prestes a aterrissar em Fargo, percebi que o aeroporto era tão pequeno quanto o avião. Lá de cima, não consegui enxergar muito, apenas algumas casas e uns pastos...

Lugar de fazenda mesmo! Cadê meu chapéu de fazendeira?, pensei.

Maio nos Estados Unidos é primavera e, na maior parte do país, vê-se flores em todos os lugares. Em Fargo, percebi que as flores eram tímidas, como se estivessem lutando para aparecer depois de um longo inverno. Mas avistei coisas bonitas. Parecia uma cidade europeia, sabe? As casas tinham aqueles telhados fofos, estilo Campos do Jordão.

Assim que encontrei Billy, ele me levou para conhecer a cidade, o que levou uns bons 20 minutos, e não quatro horas como levaria para conhecer um pouco de São Paulo. As ruas eram bonitas e bem cuidadas, mas reparei que a maioria das janelas estava fechada.

Billy parou o carro em uma ruazinha com uns cinco prédios baixinhos e eu, admirando tudo, perguntei onde era o centro da cidade.

— Bem-vinda ao Centro de Fargo! — respondeu ele, apontando para os cinco prédios com menos de cinco andares cada.

Oi?! Amiga, eu sou de São Paulo, uma das maiores cidades do mundo, né? Estava esperando um centro grande, cheio de lojinhas, padaria, farmácia... Mas, O.K. Não disse nada sobre isso. Apenas perguntei:

— Mas onde estão todas as pessoas da cidade e por que elas não abrem as janelas?

— Aqui as casas usam calefação para ar condicionado ou aquecedor, então as pessoas controlam a temperatura dentro de casa, em vez de deixar as janelas abertas.

Ah, tá. A fala da Ana começou a fazer sentido.

Calma, Cristiane! Respira. De que importa o tamanho da cidade? O que importa é o tamanho do meu amor por ele! Lembra?

SOGRO, SOGRA... E MADRASTA?!

No dia seguinte, fui ao meu primeiro jantar com os pais de Billy no *Country Club* de Fargo, um clube exclusivo do qual a família do meu gringo fazia parte há muitos anos. Olha, até hoje não entendi por que não recebi um convite antes com o *dress code* do local. Além de ser impecável, o lugar só tinha mulheres e homens loiros de olhos azuis. Parecia um filme no qual eles chamaram para o elenco só artistas de pele branca e olho claro, sabe?

Os pais de Billy me receberam com muito carinho e pareciam estar bem felizes pelo filho ter me encontrado, mesmo achando uma loucura a gente se casar tão rápido. A mãe, Sra. Paula, estava com uma blusa de seda azul superelegante, e não pude deixar de notar a bolsa discreta e chiquérrima que ela segurava, da Chanel. O pai, sr. Bill, estava todo empolgado com a oportunidade de conhecer o Brasil e não parava de me fazer perguntas a respeito da minha cultura e família. Parecia que ele tinha pesquisado para poder conversar comigo. #MuitoFofo

Tudo estava indo bem, até a hora em que o pai de Billy pediu para eu passar os legumes que estavam no meio da mesa. Peguei, estiquei meus braços para a frente e fui passar a tal bandeja. Mal comecei a fazer esse gesto e Billy segurou — forte — minha mão, e falou:

— Pode deixar, amor.

Pegou o prato e passou para a mãe, que estava, respectivamente, ao lado dele e mais perto do pai.

Fiquei só observando aquela dança de travessa para a qual eu não tinha sido convidada!

O que aconteceu?

No meio do jantar, Billy explicou baixinho que em sua família não era considerado educado passar a comida cruzando a mesa. O guia de boas maneiras deles diz que é preciso passar de pessoa por pessoa até chegar na certa para evitar que algo ruim aconteça... tipo a travessa cair e sujar a mesa.

Gente, eu não quero nem imaginar o que esses gringos educados vão pensar da minha família quando forem jantar lá em casa! Não tem uma vez que meu irmão Maurício não derruba o copo de guaraná na mesa ou alguém deixa o molho de tomate cair na roupa. Essa cultura é tão organizada que se torna complicada para o meu cérebro brasileiro. Mas eu aprendo com o tempo. Eu adorava brincar de batata quente quando era criança. Só preciso lembrar que em vez de bola, passamos um prato!

E depois de uns quinze minutos batendo papo e tentando conhecer um pouco mais a minha nova família, com vontade de experimentar os aspargos cozidos que estavam na mesa, eu os pedi para o Billy, que passou a travessa para o pai, que então a passou para as mãos da Sra. Paula, até finalmente, chegar até mim! #Aspargos-Queimou!!!

Os dias se passaram e chegou o momento de conhecer minhas enteadas: Isa, de dez anos, e Zara, de oito anos. Ai, que frio na barriga! Quando eu era criança, sonhei em ser princesa, paquita da Xuxa, noivinha de festa junina e Mulher-Maravilha, mas ser madrasta nunca esteve em meus planos!

E se elas não gostarem de mim? E se já me acharem malvada só pelo título que carrego?

O que ajudou a acalmar minha mente foi ter vindo de uma família na qual meu pai se casou com minha mãe já tendo três filhos pequenos que foram criados como meus irmãos. Eu nunca pensei neles como "meio" irmãos, sempre foram meus irmãos por completo e sempre os amei da mesma maneira. Eles cresceram chamando minha mãe de mãe. Então, essa ideia de ter filhos de pais diferentes era comum para mim. Mas, mesmo assim, estava com receio de conhecê-las e decepcioná-las.

Assim que chegamos à casa delas, a mãe das meninas me tratou com muito carinho (ufa!), e logo foi chamá-las. Zara agiu praticamente como uma brasileirinha: já chegou me abraçando e me dando um beijo. Que fofa! Ela tinha olhos castanhos e uma bochecha rosada que dava vontade de apertar. Isa foi mais tímida, mas com uma doçura no olhar que fez eu me acalmar. Por alguns instantes, senti que eu as conhecia há muitos anos e, de uma forma estranha, a sensação é que elas estavam me esperando para entrar em suas vidas.

Quando entramos no carro para ir ao shopping, para dar uma de #MadrastraLegal, comecei a cantar bem alto no carro uma música que começou a tocar no rádio em inglês (sem nem me ligar na tradução). Minha ideia era deixá-las à vontade para cantar junto comigo.

Assim que comecei a cantar e bater palmas, Billy disse com um sorriso tenso:

— Não. Muda de música!

— Mas por quê? Está tão legal! Vamos lá, meninas, cantem comigo.

— Tem palavrão nessa música!

Não sabia onde enfiar minha cara. Eu era mesmo uma "mãe" de primeira viagem no #ClubeDasMadrastas.

Zara deu uma piscadinha para mim e Isa, mais tímida, começou a rir.

Mudamos de música e, no final, até Billy riu com a gente.

Ao chegarmos em casa, Billy foi colocá-las para dormir. Como foi bonito! Ele contou uma história para as duas, com uma música ao fundo. Assim, em vez de me assustar ou ficar preocupada pelo fato de estar casando com um homem com filhos, ver o grande pai que ele era fez com que eu me apaixonasse ainda mais por ele — e por elas. Olha como é a vida. Fui em busca de um homem e acabei encontrando uma família! #MistériosDaVida

Depois que as meninas dormiram, Billy pegou uma garrafa de vinho e passamos o resto da noite conversando. Ele contou como foi difícil sua separação por conta das filhas. Em vez de vê-las todos os dias, ele passou a encontrá-las apenas a cada quinze dias. E todo domingo que precisava se despedir e levá-las à casa da mãe, que ficava há três horas de Fargo, ele voltava chorando de saudade.

— Você não imagina como dói não poder abraçar seus filhos a qualquer hora — ele disse.

— Imagino a dor. E as meninas devem sentir muito também. Sou muito apegada ao meu pai e está sendo difícil pensar que não vou vê-lo com frequência. E sou uma adulta...

E continuei:

— Meu pai é muito especial e importante para mim. Em todo casamento, ele faz questão de dançar comigo. Beija minha mão e diz: "Vamos dançar comigo, Cristianinha?". No começo, eu tinha vergonha, hoje, me divirto e adoro esse momento. Imagina o quanto ele vai se divertir com o nosso casamento, né?

Mal terminei de falar e Billy pegou minha mão, olhou para mim com aqueles olhos azuis irresistíveis e disse:

— Quer dançar comigo, Cristianinha?

Rimos e eu comecei a ensinar um passinho de dança a ele.

— Eu danço muito mal, Cris. Vamos passar vergonha no dia do casamento.

E entre tentativas de passos de dança, nos abraçamos e a noite foi passando. Logo seria hora de voltar para o Brasil para terminar os preparativos do casamento... #TáChegando

No dia seguinte, depois de passarmos uma noite gostosa juntos, fomos deixar a Isa e a Zara na casa da mãe delas. Assim que Billy se despediu de suas filhas e entrou no carro, por mais que ele tentasse disfarçar, eu conseguia ver as lágrimas nos cantos dos seus olhos. Meu coração estava partido em ver aquela cena! Eu já tinha escutado sobre a dor da separação, mas nunca tinha presenciado.

— Você está bem? — perguntei

— Eu sempre choro quando deixo elas, é normal para mim. Você não sabe a dor que eu sinto. É muito difícil. É como se uma parte minha fosse deixada no meio da estrada.

E foi então que Billy começou a se abrir como nunca tinha feito antes. Falou da tristeza que sentia por suas filhas terem passado pela dor do divórcio. Ele me contou sobre a dor imensa que sentiu quando teve que passar o primeiro Natal sem elas. E em meio a tantas lágrimas e recordações difíceis, ele precisou parar o carro para chorar...

Ficamos ali abraçados, no meio da estrada, em silêncio, e o único som que eu conseguia ouvir era o dos seus soluços... Ele chorava como uma criança perdida que tinha se transformado em um grande pai.

Só conseguia pensar em como amava Billy e queria fazer ele e "nossas" filhas felizes.

CRAZY DE AMOR

Depois daquela viagem breve e intensa que fiz para conhecer Fargo e a família de Billy, voltei ainda mais apaixonada por ele, por Isa e por Zara. E, como num piscar de olhos, chegou a semana do nosso casamento e, com ela, os doze convidados do Billy ao Brasil — os pais, as filhas e alguns dos primos e amigos que puderam vir. Foi uma fase gostosa, pois consegui conviver um pouquinho mais com minhas enteadas antes de casar.

Ah, elas se encantaram com o Brasil! Era tudo diferente para elas: mais colorido e falante. Claro que elas estranharam algumas coisas, né? A Zara não entendia por que todo mundo dava beijo em todo mundo toda vez que se encontrava. As bochechas dela já estavam rosadas de tanta gente que tinha conhecido!

Na noite anterior ao casamento, saí com Billy para jantar num restaurante perto de casa. Lembramos de como tudo começou, da mensagem que deixei em sua caixa postal, do dia que ele chegou de surpresa em minha casa... estávamos há pouco tempo juntos, mas já tínhamos uma mala cheia de histórias e recordações.

Mais para o final do jantar, decidi contar a ele o que estava por trás, de verdade, de minha ida a Los Angeles. Nunca tinha contado a ninguém exatamente como tudo aconteceu.

— Por trás daquele recado que deixei em sua caixa postal: "Olá, meu nome é Cris. Sou do Brasil e, pelo visto, vou ser sua futura esposa. Se quiser, vem para Los Angeles me conhecer", há muita coisa — disse.

Foi então que contei a Billy sobre o sonho que tive naquele sábado de manhã com cheiro de jasmim que chegou para mudar minha vida para sempre. E, com medo de que ele me considerasse uma *crazy* e cancelasse nosso casamento, ele acabou me contando a sua versão da história...

— Você não vai acreditar, mas em um final de semana que passei em Nova York, mais ou menos na época de seu pedido e do sonho, entrei na Catedral de São Patrício, maior catedral de lá, me ajoelhei e disse que estava cansado de ficar sozinho, que queria encontrar a mulher da minha vida. "Traz para mim essa mulher que sinto que me espera também", falei. Quando a Monica me ligou e você deixou aquele recado, não me pergunte por que, mas algo no meu coração me disse que você poderia ser a mulher das minhas orações. Por isso me programei para ir para LA te conhecer!

Começamos a fazer as contas e percebemos que fizemos esse pedido — cada um à sua maneira — praticamente na mesma semana. #Chocada

— *We are crazy!* (Nós somos doidos!)

Rimos muito e chegamos à conclusão de que uma história de amor não é para qualquer um. Ela está reservada apenas aos corajosos, e é propriedade exclusiva dos *crazies*!

Foi mais um sinal para eu ter certeza de que havia tomado a decisão certa.

Voltamos para casa ainda mais apaixonados. Nossa última noite antes de casar foi especial. Podia até sentir novamente o cheiro de jasmim trazendo boas notícias. Apagamos a luz e fomos dormir.

O NOSSO DIA CHEGOU!

Num passe de mágica, lá estava eu: toda maquiada e com o cabelo arrumado, pronta para o dia mais feliz da minha vida. Você sabe como é, amiga, a flor não precisa ser a mais cara e o salgadinho não precisa ser o melhor, mas a *make* tem que arrasar!

Mais de quinhentos convidados brasileiros e os doze americanos estavam lá para testemunhar nossa união. A família do Billy ficou em choque com a festa (tem coisa melhor que festa de brasileiro?). Os pais dele, que antes mal se tocavam em público, foram inspirados pela energia e a paixão do Brasil e dançaram juntos a noite toda. E, para completar, ainda se beijaram pela primeira vez na frente do meu marido! Gente! Agora tenho até marido! A alegria do brasileiro contagia, né? E os americanos entraram de corpo e alma em nossa dança e a harmonia reinou naquele lugar.

Entramos no salão lotado de família e amigos queridos. O momento que desejei secretamente por muitos anos finalmente estava acontecendo: eu e MEU marido dançando juntos uma de minhas músicas preferidas: "Your song", do Elton John. Mesmo com o salão de festa lotado, a sensação que tinha era de que havia só eu, Billy e seus olhos azuis brilhantes.

Como estou apaixonada por esse homem!, era só isso que eu pensava.

Minha felicidade parecia não caber dentro de meu coração #QueSonho #NãoMeAcorde

Tudo estava perfeito. Até que ouço um TUM TUM TUM, que ia aumentando a cada piscar dos meus olhos. Imagina o que era?

Sim. Meu pai contratou a escola de samba Vai-Vai. Por isso, nem insistiu quando conversamos. Ele já tinha decidido.

Vou matar esse velhinho atrevido!

Imediatamente os convidados de Fargo começaram a dançar superanimados e surpresos com os batuques e o povo sambando: os homens tentando dançar com as sambistas e a mãe de Billy de olhos arregalados, sem acreditar no que via #SograPasma

Meu pai, sr. Omar, todo feliz e orgulhoso com o seu feito, pegou minha mão, deu um beijinho como sempre faz nos casamentos da família e falou:

— Vamos dançar com o papai, Cristianinha?

— Pai, eu falei que não queria isso no meu casamento.

— Mas filha, olha a igualdade de gêneros! Papai contratou homens e mulheres para dançar! — disse, todo animado.

Não dá para ficar brava com esse sr. Omar.

Caímos na pista de dança e dançamos sem parar. Billy, "nossas" filhas, seus pais e todos os seus convidados tentavam sambar, e quem não dançava pegava o pandeiro para aprender a tocar. Que delícia! #TenhoVídeoParaProvar

Até que chegou a hora do bolo! Para o meu desespero, meu querido marido resolveu dar uma de Celso Portiolli (lembra dele? Aquele da torta na cara!) e, literalmente, pegou um pedaço de bolo e passou na minha cara. Estou falando sério! O filho da mãe do Billy estragou toda a minha maquiagem no dia do meu casamento! O que eu achei que era uma brincadeira de muito mau gosto, descobri, naquela noite, que era uma tradição norte-americana. Tipo quebrar pratos para os gregos.

Poxa, mas alguém podia ter me avisado isso antes! Que coisa mais sem graça fazer isso com uma mulher. Que cultura mais esquisita!

De repente ouço, de longe, minha querida avó gritando:

— Eu sabia que não podia confiar nesse gringo mal-educado! Come pizza com a mão, me insulta com sinal sem educação e ainda joga bolo na cara da própria noiva!

Foram minutos tensos, nos quais todos os convidados brasileiros ficaram em choque me vendo com o rosto todo sujo de bolo enquanto os doze norte-americanos batiam palmas! #CoisaDeGringo. Mas consegui recuperar o ritmo da festa e aproveitamos até o dia seguinte — na típica e feliz festa dos brasileiros, com direito a muita dança, samba e diversão.

Na hora de jogar o buquê, surpreendi todas as minha amiga solteiras! Não quis que elas passassem em meu casamento o carão que eu passei nos que fui: aquela guerra de mulheres para pegar o buquê enquanto os homens solteiros ficam só olhando, como quem assiste a uma luta de gladiadores contra leões! #CadêAIgualdade?

Enfim estava casada! E o momento que compartilhei tantas e tantas vezes com minhas amigas — e que sonhava silenciosamente ter — estava acontecendo comigo. Não ia terminar a festa dançando com a Dona Cida. #ObrigadaDeus #ObrigadaVóGeny

TCHAU, MEU BRASIL!

Depois de alguns dias inesquecíveis de lua de mel no Rio de Janeiro, lembro como se fosse hoje da despedida com minha família. Fizemos um almoço de domingo na casa dos meus pais — com toda a família, claro! E minha mãe fez um dos meus pratos preferidos: franguinho a passarinho com polenta frita. #Amo

Que saudades vou sentir dessa família falante e bagunceira! Caramba, como está sendo difícil! Passei minha vida toda perto deles, dividindo todos os momentos. Como vai ser no próximo domingo não poder tê-los ao meu lado? Poxa, é tão clichê falar isso, mas parece que a gente só valoriza algo quando perde ou quando estamos prestes a perder. Quantos domingos corri para o meu quarto cansada de ouvir as mesmas piadas? Quantas vezes me incomodei com a intromissão e a crítica da minha avó? Que vontade de voltar no túnel do tempo e sair do meu quarto naqueles domingos e não perder nenhum detalhe daquela vida que eu achava que estava cansada de viver.

Mas, apesar do arrependimento dos momentos que deixei de viver de corpo e alma ao lado deles e da dor da despedida, havia tanta esperança em meu coração! Havia a certeza de que eu viveria uma linda história de amor e uma outra família estava me esperando.

Na hora de dar o último abraço em cada um deles e ir para o aeroporto, com lágrimas nos olhos e uma dor imensa no coração, guardei em minha mente cada um dos seus conselhos e recomendações, como se fosse a última vez que os veria.

Minha irmã Graciela, a mais preocupada, disse:

— Você é louca, né? Já vi muito filme americano desse tipo, em que a mulher larga tudo para morar com um gringo e acaba sozinha num lugar deserto! Sabe do que estou falando, né? Então, se ele te convidar para ir caminhar num rio distante, não vai!

Meu pai, o romântico da família, me encorajou:

— Estou orgulhoso de você, Cristianinha! Confesso que estava com receio de que nunca se casaria. Você estava sempre mergulhada nos livros e no trabalho. Mas vá! Cuide de sua família e viva uma grande história de amor. Ah, e não se esqueça de que vai se casar com as filhas dele também. Trate-as com o mesmo amor e carinho que trataria seus próprios filhos.

— Pai, estou com um pouco de medo. Não conheço ninguém a não ser o meu marido. E se essa loucura não der certo?

— Não tenha medo! Você é forte o suficiente para vencer essa nova fase de sua vida. E sabe por que eu sei disso?

Ao expressar minha insegurança, ouvi do meu pai sua famosa frase, a que sempre me passou força nos momentos difíceis da vida:

— Sei que você vai vencer, Cristianinha... Fui eu que te fiz!

Já minha mãe...

— Vê se não come muito, hein? Lá naquele país tem muita besteira!

Meu irmão Rodolfo disse para eu não esquecer nunca de onde vim, e minha avó me aconselhou a orar todos os dias, que ela faria o mesmo daqui.

— Deus sabe o que faz, filha, lembre-se sempre de que Ele é o verdadeiro autor da sua vida. Ah, e não esquece de ler a Bíblia que a vó te deu, tá?

O restante da família? Ah, todos fizeram encomendas. Ainda mais naquela época em que o real era mais valorizado. Pediram tênis, xampu, calça, perfume... Além de noiva, percebi que virei a #Sacoleira oficial da família!

Chegamos com antecedência ao aeroporto e aproveitei todos os minutos com minha família. Até que ouvi o "sinal" de que era hora de ir: "Passageiros com destino ao aeroporto de Chicago, embarque imediato no portão 12".

Olhei pela última vez para trás antes de entrar no saguão e meu coração acelerou como se fosse sair do peito. Não consegui conter as lágrimas. Em um segundo quis sair correndo e voltar, sabe?

Mas algo dentro de mim dizia que estava na hora de continuar crescendo e sair do conforto do lugar que eu conhecia. Apenas assim conseguiria conhecer os novos territórios que estavam esperando por mim.

Enquanto esperava na fila para entrar no avião, vários flashes passaram em minha mente, como um trailer rápido de filme: as noites de *Divas no Divã* com a plateia cheia, os almoços de domingo com a família, as tardes na casa da avó Geny comendo o meu bolo de banana preferido, as baladas com minhas amigas do clube das #MeBasto... Sentia uma mistura de nostalgia, medo, alegria e esperança.

O que eu vou fazer quando chegar lá? E quando o Billy for trabalhar, com quem eu falo? Pra quem eu ligo? Amo ser psicóloga e palestrante, mas morro de vergonha de falar em inglês com outras pessoas sem ser o Billy. Será que preciso então arranjar outra coisa para fazer?! Talvez vender brigadeiro ou cocada brasileira?

Você já cometeu ou quis cometer uma loucura e sua mente te encheu de medos, inseguranças e dúvidas?

E em meio a todas essas dúvidas, senti a mão de Billy na minha. Ele a apertou forte, olhou em meus olhos e nenhuma palavra precisou ser dita. Aqueles olhos azuis como o mar transmitiram toda a segurança e paz de que eu precisava. Sorri e entrei no avião rumo a minha nova vida. E, naquele momento, me lembro que a única coisa que veio na minha mente foi:

Meu Deus, que loucura! Sou crazy mesmo! O que será que está me esperando?!

Só tinha uma forma de saber: virar a página do novo capítulo da minha vida.

AMIGAS®

BOOK CLUB

Agora é o momento de abrir o coração e deixar Deus agir. Use essas perguntas para compartilhar suas histórias, suas lutas e descobertas. Juntas vamos rir, chorar, orar e lembrar que somos filhas mimadas de um Pai que conhece cada detalhe da nossa caminhada.

1. O que você aprendeu sobre si mesma por meio dos relacionamentos?
2. Como o amor pode ser, ao mesmo tempo, cura e conflito?
3. O que sustenta um relacionamento verdadeiro ao longo do tempo?

"Acima de tudo, revistam-se do amor, que é o elo perfeito."

COLOSSENSES 3:14

2a PARTE

1.

WELCOME TO MINHA CASA!

"O meu mandamento é este:
Que vos ameis uns aos outros,
assim como eu vos amei."
JOÃO 15:12

CHEGUEI A MINHA NOVA CASA E FUI RECEBIDA COM UMA PLACA feita por minhas novas filhas, com a palavra "*Welcome!*" (Bem-vinda!). Ver aquela placa me fez sorrir. Estava começando minha nova vida com o pé direito. Mas tudo era diferente. As casas, por exemplo, têm um subsolo normalmente usado como sala de jogos ou de TV, ou para se protegerem caso tenha um tornado. Sim! Isso acontece aqui. Mas era tudo bonito, limpo e grande!

Nas primeiras noites, não conseguia dormir muito bem. A rua era muito silenciosa e as casas sem portões me deixavam insegura. Aprendi a dormir em uma casa cercada com grades, ouvindo a sirene da ambulância e a moto do vizinho passando na rua. Eu me acostumei com o barulho, que virou música para os meus ouvidos. O silêncio me incomodava profundamente.

Não foi fácil me acostumar com minha nova vida — nem com a casa e os costumes. Nada parecia meu de verdade. Sabe quando não sabemos direito onde estamos e tudo parece pouco familiar? Até o cheiro?

Mas acordei disposta a impressionar meu grande amor com o café da manhã mais lindo do mundo.

Passei o café mesmo estranhando a falta de chaleiras na casa. Ah, e o fogão não tinha fogo, apenas um vidro que esquentava. Arrumei a mesa com xícaras e pires combinando. Colhi uma hortênsia azul do quintal de inverno e coloquei em um copo com água. Não me julgue. Só estava naquela casa havia 24 horas! Não sabia nem onde estava o guardanapo. Vaso, então.

Escolhi tudo nos mínimos detalhes.

Certeza que ele nunca tinha visto um café da manhã tão bem feito, pensei, orgulhosa.

Estava tudo pronto: leite quente, pão na chapa e uma mesa farta e bem acolhedora para receber minha família em minha primeira manhã. Era tudo o que sonhava, mesmo sem nunca ter revelado a ninguém nem dito em voz alta. Daqueles sonhos que só você sabe e não conta para ninguém com medo de ser julgada, sabe?

Já imaginava Billy chegando e vendo a mesa perfeita! Com um baita sorriso, ele correria para me dar um beijo de bom dia na minha boca de hortelã e tomar o café da manhã perfeito. Bem estilo comercial de margarina mesmo.

Mas para ser perfeito, faltava um dos personagens — ele, no caso. Perdida e sonhando com minha família de comercial, finalmente escuto o barulho de alguém se aproximando e vejo meu marido resmungar um *good morning* (bom dia) baixinho, indo pegar uma tigela de cereal com leite. Ele comeu de pé, virado para mim, que continuava imóvel à minha mesa de café da manhã perfeita. Enquanto ele comia o cereal em pé, falava coisas que eu não conseguia escutar e colocava a louça na máquina.

Como assim?! Por que esse homem não senta para comer um pãozinho com manteiga? Cadê o beijo na boca com gosto de pasta de dente de menta? Será que ele era sonâmbulo e estava dormindo? Como assim ele não reparou na mesa que eu havia preparado?

Em uma tentativa de não demonstrar minha decepção, falei:

— Senta aqui comigo, vamos tomar café da manhã juntos.

— Não tenho tempo. Aliás, só como cereal com iogurte de manhã. Não perca tempo fazendo toda essa mesa, pois eu nem sento para tomar café da manhã. Já estou atrasado para o trabalho. Te pego na hora do almoço para te mostrar um pouco mais da cidade, tudo bem? *Goodbye*, meu amor!

Ele saiu e eu continuei sentada e incrédula com o que tinha acabado de acontecer. Como já te falei, cresci em uma casa na qual o café da manhã era ponto de encontro sagrado. Senta um, levanta outro, divide um café, uma conversa ou até mesmo uma piada. Meu pai relatava as notícias do jornal enquanto minha irmã relatava as notícias da família. Entende? Foi aí que percebi que, realmente, estava em um mundo totalmente diferente do meu.

Senti na pele a famosa frase americana "*Time is money*" (Tempo é dinheiro). *Mas será que essa atitude é mesmo coisa de norte-americano ou apenas do meu marido?*

As semanas se passaram e nossas diferenças ficavam cada vez mais em evidência. Eu tentava o meu melhor, mas não sabia mais o que esperar. Toda semana, quando falava com meus pais ao telefone, dizia que estava tudo bem. Eles estavam no Brasil e eu não podia correr para a casa deles.

As estações mudaram e, com a chegada de dezembro, veio o tenebroso frio de Fargo, cidade considerada uma das mais frias do mundo. Isso mesmo, amiga! Sentiu o drama? Nesse planeta inteiro eu fui morar em uma cidade que, apesar de seus charmes e costumes europeus, tem um dos invernos mais longos do mundo.

Abrir a porta da frente de casa se tornou uma tarefa difícil. Eu não sabia o que era frio até aquele dia. O frio também queima! Não aquele queimado gostosinho que a gente sente na praia enquanto toma um sorvete. Queima de doer. O vento parece cortar nossa pele como pequenas agulhas.

Meu Deus, como vou sobreviver nesse lugar?! #MeTiraDaqui

Não estou sendo dramática. É frio de filme de terror mesmo, daqueles de trinta graus abaixo de zero, em que precisamos nos fechar em casa para não sermos engolidos pelo fantasma da tempestade de neve. E ele dura SEIS MESES! Imagina ficar metade do ano sem poder caminhar ao ar livre? Eu já passava mal com dez graus, imagina trinta abaixo de zero?!

Estou falando daquele frio que fez uma psicóloga como eu, que trabalha com empoderamento feminino, desejar do fundo da alma que uma única mulher, entre todas do mundo, nunca se sentisse empoderada: a Elsa, da animação *Frozen*! Minha vontade era falar para ela: "Volta para o castelo e não se sinta empoderada, não! Para com essa história de '*Let it go*'".

Depois de dois meses aguentando aquele vento gelado, já estava com as malas prontas para me mudar para o México. Acredite, amiga, tudo muda no frio. As pessoas não saem nas ruas, os lugares são desertos e sem barulho, como um filme mudo em preto e branco. Os locais de maior contato social são o shopping e o supermercado. E este último até oferece algumas frutas tropicais do Brasil — como o meu amado mamão papaya —, mas, infelizmente, não têm o mesmo sabor. Acho que ele se perde no caminho, como se fosse para nos lembrar de que tem coisas na vida que não podem sair de seu habitat.

O frio assusta, dá preguiça, dá boas-vindas às calças de moletom e às botas de pelúcia. E à falta de vida fora de casa. O.K., tem um lado muito bom e acolhedor que percebi em Fargo. As pessoas são cordiais, param nas faixas de pedestre e não se preocupam em trancar o carro quando estacionam em suas casas, porque a cidade é bem segura. Cada um cuida do seu, ninguém se mete na vida do outro. Privacidade, talvez, seja a melhor maneira de descrever esse comportamento.

Basicamente um passe de liberdade de não ter que encontrar sua família, a menos que seja algo planejado. Igual ao Brasil. #SóQueNão

Às vezes, a gente é pega de supetão e descobre que uma coisa é, na verdade, outra. Toma uma decisão pensando que é a melhor e depois vê que não era bem assim. Você não precisa mudar de país para isso. Muitas de nós entramos em relacionamentos pensando que é uma coisa e na verdade nos deparamos com outra. Ou, talvez, começamos em um emprego que parece um sonho e depois de alguns meses descobrimos que é um pesadelo.

Não sabia qual era a solução para o meu problema, mas sabia que não podia controlar o clima. Então, decidi que o frio não iria me abalar. Eu precisava ter forças para continuar. Sei que a força do ser humano está na capacidade de adaptação, mas fico pensando como os ancestrais de Billy conseguiram se adaptar a um clima gelado na época que nem ar quente existia! Gente, socorro!!! Aliás, por que a família dele não continuou cavalgando para o sul dos Estados Unidos? Eu estaria no Texas tomando sol e chá gelado!

Como não tinha muito o que fazer naquele lugar frio e não conhecia ninguém além do Billy, voltei a ler a Bíblia e a história de Moisés, para a alegria da minha avó Geny. Desta vez, não pulei páginas, mas voltei à parte antes de atravessarem o deserto, quando Moisés tomou a decisão difícil de matar o egípcio para salvar o israelita.

Depois que Moisés tomou essa decisão, com medo de ser morto pelo faraó, ele fugiu para o deserto, onde acabou conhecendo sua esposa e começou a trabalhar como pastor de ovelhas para seu sogro.

Coitado! Para quem vivia no palácio com todas as regalias, acabar no deserto trabalhando como pastor de ovelhas, e ainda para o sogro... Que mudança de vida! #NinguémMerece

Claro que em minha audácia de imaginar "se Moisés fosse mulher" e buscar uma interpretação mais terapêutica dessa história, não pude não pensar em minha própria situação e em como minha vida também tinha se transformado radicalmente. Não saí do castelo para o pasto como Moisés, mas tinha saído de "um país tropical abençoado por Deus e bonito por natureza" para morar no gelo!

Cometi a loucura de iniciar um novo capítulo em minha vida, e o que mais queria naqueles dias de frio era poder voltar a página. #QueroPraiaSombraEÁguaFresca

Será que Moisés também teve vontade de voltar para o conforto do castelo? Podemos tentar voltar ou continuar nossa caminhada e ver o que está nos esperando. Eu continuei...

MAP?! ISSO É COISA DE GRINGO!

Em uma manhã, Billy me levou ao banco para abrir uma conta e, chegando lá, tivemos que esperar em uma longa fila. Enquanto estávamos lá, de pé, a música "Jingle Bells", no fundo, me inspirou e o abracei. Enquanto me inclinava para beijá-lo, ele me parou bruscamente.

— Aqui não — ele disse. — Você sabe que não gosto de MAP. Minha família é muito conhecida na cidade, há mais de cem anos. Você já pensou o que vão falar se as pessoas virem a gente nessa sem-vergonhice no meio do banco? É estranho, ninguém aqui faz isso.

— O que é MAP? E por que você me beijava no Brasil, mas aqui não? — perguntei, irritada.

— "Mostrar Afeto em Público". Não gosto e não fico à vontade, não estamos mais no Brasil.

Sério. Não aguentava mais. Ele foi tão ríspido comigo que parecia que a polícia ia nos colocar na cadeia por esse tal de MAP!

O fato de ele ter dificuldades em expressar seu afeto e amor em público parecia muito contraditório com sua cultura norte-americana. Eu achava que os Estados Unidos eram a terra dos "livres e corajosos". Que liberdade é essa que meu marido não se sente livre nem para me dar um beijo na fila de um banco?!

Não acredito que deixei meu país quente e caloroso para morar numa das cidades mais frias do mundo e não ter o direito, sequer, de dar um abraço e um beijinho caloroso em meu marido!

Foi então que percebi que o frio árduo não me incomodou tanto quanto o inverno que começou, aos poucos, a habitar minha alma desde o primeiro ano em que cheguei a Fargo. Esse, sim, foi roubando o meu sol, o meu brilho e o meu calor de viver. E para sentir esse inverno interior, minha amiga, você não precisa morar em uma das cidades mais frias do mundo. Pode estar em sua cama quentinha, morando num país quente e tropical como o Brasil, deitada ao lado de seu parceiro e, mesmo assim, sentir uma frieza enorme em seu coração.

Não sei em qual estação do ano sua alma está, mas sei que não importa onde estamos, um dos grandes desafios que temos que vencer é aprender a passar pelo inverno e pelos *desertos* de nossa vida, por mais escuros, frios ou solitários que sejam — sem perder nosso brilho e calor interior.

QUANDO O SONHO AMERICANO SE TORNA PESADELO

Morar fora é, com certeza, muito menos glamoroso do que se pensa. Além de sentir falta da minha família, do meu trabalho, do pão de queijo e das praias brasileiras, para piorar, não tinha nenhuma amiga — eu disse NENHUMA. Sabe, isso era do que eu mais sentia falta: uma amiga! Não conhecia ninguém, nem uma vizinha para emprestar uma xícara de açúcar, nem uma *Starbucks Friend*, aquela amiga que topa tomar um cafezinho rápido com você. Você fala e ela escuta, toma um cafezinho e concorda com você em tudo! #TerapiaDoBem

E, para mim, uma das piores partes de morar em outro país era a vergonha que tinha de falar em inglês com outras pessoas além do Billy, principalmente pelo telefone! #QueDesespero

No segundo mês que estava em Fargo, resolvi me dar um dia de beleza, a tal da Terapia Feminina. Eu precisava encontrar a versão norte-americana da minha Dalva. *#Please!!! #WhereRU? #CadêVocê?*

Olhei para o telefone que ficava na cozinha. Sim, não usei o celular #MulherPrimataMesmo! E com a mesma sensação de nervoso que tive ao dar minha primeira palestra no Brasil ou que senti ao subir no palco na primeira sessão de *Divas no Divã*, disquei para o salão de beleza mais próximo. Com a voz trêmula e as mãos suando, disse:

— *Hello? Alô? Por favor, eu gostaria de pintar as minhas unhas?*

Unhas em inglês é *nails*. Mas em vez da recepcionista ouvir essa palavra, o meu sotaque forte de brasileira a fez entender *tail* que significa *rabo*!

— *What?! O quê?! Você quer pintar o seu rabo!? Você está de brincadeira?*

Aaaaaaaaaaaaaaaaaaaaaaaaaaaa! Que vergonha! Nunca mais vou ligar. O que será que estão pensando de mim?! Se eu não consigo nem marcar um horário no salão para fazer unha, é melhor parar de sonhar em um dia dar palestras em inglês. Nunca vai acontecer! #Desisto

Queria poder gritar, chorar, sair correndo, mas fui deixando tudo isso guardado dentro de mim. E quando pensava que não tinha mais espaço, eu fazia caber. Acostumei a viver em um monólogo solitário. Tinha vergonha de falar, e mais vergonha de ligar para o Brasil e contar para os meus pais o que estava acontecendo.

Em vez de pedir ajuda, escolhi me isolar. Em vez de chorar, escolhi me reprimir. Em vez de falar, resolvi me calar. E continuei levando os meus dias pesados de saudade e tristeza nas costas...

Os dias foram se passando e Billy disse que eu precisava conhecer mais pessoas. Afinal, era a cidade que, agora, devia chamar de lar. Minha sogra fez uma festa no *Country Club* para me apresentar devidamente aos amigos e familiares, já que nosso casamento tinha sido no Brasil. Minha nova família tinha um sobrenome de peso em

Fargo, os Johnsons, e eram muito respeitados pela ética profissional e envolvidos na comunidade local. A família migrou da Inglaterra para Fargo, nos Estados Unidos, há mais de cem anos, e com muito orgulho, mantinham os negócios da família desde aquela época.

A "pequena" recepção organizada pela sra. Johnson era de mais ou menos duzentos convidados. Quando me deparei com aquele salão cheio de gente, precisei olhar duas vezes para ter certeza de que aquilo estava acontecendo. De onde aquelas duzentas pessoas surgiram?!

Todos estavam superarrumados. E, de repente, notei dois bebês de gravata-borboleta! Tentei segurar a mão do Billy algumas vezes, mas ele, disfarçadamente, largava, pois estava ocupadíssimo conversando com seus amigos de longa data. Fui apresentada, literalmente, a todas as pessoas da festa. Perguntavam meu nome, algumas perguntas bem superficiais, mas pareciam não querer saber mais do que isso. Uma parte de mim estava aliviada, já que meu inglês não era dos melhores e eu morria de vergonha de falar errado ou não ser entendida.

Das duzentas pessoas, fui apresentada inicialmente para três mulheres. Como aprendi no Brasil, já me aproximei para dar um abraço e um beijo de "*oi, tudo bem*?" no rosto de minhas mais novas "amigas". Mas elas se esquivaram, me olharam surpresas e me deram a mão. Não estou falando que me trataram mal, de jeito nenhum. Foram sorridentes e parabenizaram meu marido por ter tido a sorte de ter casado com uma mulher brasileira. Falaram que não sabiam o que Billy tinha feito para me convencer a mudar para o país do eterno inverno. Eu tentava me comunicar, mas as palavras não saíam da minha boca. Fora que tudo era diferente demais. Queria abraçar e beijar, mas me segurava para não parecer uma louca que quer agarrar todo mundo. Num lugar onde só se dá a mão, não duvido que pensariam assim de mim.

Segurei meu afeto e minha espontaneidade — e, com o tempo, minha identidade...

Você passou por isso? Já escondeu quem verdadeiramente é para se "enquadrar" e ser aceita? Você não precisa morar em outro país para fazer essa escolha, de repente, está fazendo essa escolha agora. Está escolhendo se calar em vez de ter coragem de falar? Está escolhendo esconder a mágoa, em vez de perdoar? Está escolhendo apenas dar a sua mão, quando, na verdade, precisa de um abraço?

Naquele momento da vida, comecei, aos poucos, a cometer a insanidade de tentar ser quem eu achava que “eles” queriam que eu fosse. Hoje, olhando para trás, para aquela Cristiane perdida, insegura e com medo de expressar afeto, gostaria que ela soubesse que, naquela festa, ninguém falou que não queria receber o seu abraço brasileiro ou que iria julgá-la por seu sotaque forte. Só uma pessoa falou isso naquela festa: ela mesma!

Como comentei, nossas crenças podem controlar nossos pensamentos e, se não tomarmos cuidado, podem se tornar o faraó que nos aprisiona, e não a voz que nos liberta. Como cresci com a crença de que eu era a “rejeitada”, a café com leite com quem ninguém queria brincar, estando num lugar onde eu era vista como diferente — latina, mulher de cor, estrangeira e tantos rótulos que acabei ganhando quando me mudei para os Estados Unidos —, fiquei totalmente paralisada! E não esqueça que eu não fui morar na Flórida, ou na Rua 46 dos brasileiros em Nova York. Fui morar em um dos lugares mais frios do mundo e menos habitado dos Estados Unidos. Um estado em que a maioria das famílias veio da Alemanha e da Noruega, e que dar beijo e abraço, dançar um sambinha em festa é coisa de brasileiro louco!

Aqueles convidados da festa, talvez até sem intenção, me machucaram com seus comentários. E por meio da minha percepção sobre esses comentários e olhares, comecei a acreditar que algo estava realmente errado comigo.

Comecei a ter uma crise de identidade e crenças que me diziam que eu não era aceita. E como expliquei na primeira parte deste livro, nossas crenças afetam nossas escolhas e destino. Por isso quero, agora, que você guarde uma mensagem em seu coração: nunca deixe de ser quem verdadeiramente é para se tornar quem “eles” querem que você seja!

Geralmente, “eles” não são os americanos ou os brasileiros; sua mãe, seu chefe ou até mesmo seu parceiro… é esse *faraó* em sua mente que aprisiona sua espontaneidade, identidade e destino.

NA CABINE DO BANHEIRO — E SOZINHA

Quando finalmente meu marido falou comigo, disse que eu estava sendo antissocial por não conversar com ninguém. Expliquei que eu me sentia insegura em relação ao meu inglês, que tinha vergonha de falar errado. Mas ele não me entendia. Nunca tinha morado em outro país nem tentando falar em outra língua. Assim, não compreendia a dor de quem não domina uma língua — e quer falar. Dói para caramba! Não há nada pior do que não poder se expressar! Eu me sentia sozinha, no meio de uma sala cheia de pessoas rindo sobre alguma coisa que eu não fazia ideia do que era. E, para completar, não tinha ninguém para me abraçar e falar que tudo ficaria bem.

Cheguei a ficar sentada no banheiro por uns vinte minutos até o meu pé começar a dormir e me incomodar. Estava quase saindo quando escutei meu nome em uma conversa. Eram duas amigas da família de Billy que consegui identificar pela fresta da porta.

Uma delas perguntou:

— Você conhece bem a nova esposa do Billy?

— A Cris? Conheci hoje. Parece ser uma ótima mulher, além de bonita!

Ufa! Achei uma pessoa que gostava de mim naquela festa. Respirei, aliviada.

— Concordo. Ela é bonita! Mas o "ótima mulher" ainda não sabemos, né? Afinal, esse golpe do casamento para pegar o *Green Card* e poder trabalhar nos Estados Unidos já está ficando velho! Só o tempo nos dirá as reais intenções dela. O que mais tem é latina se mudando para os Estados Unidos para casar com um americano, ainda mais com um Johnson!

Essa história de Johnson de novo?! Eu casei com o homem dos meus sonhos! Mudei para essa cidade fria para viver com o "grande amor da minha vida". Nunca nem havia escutado sobre os Johnsons. Apaixonei-me quando olhei os olhos azuis de Billy!

— Nunca mais vou sair desse banheiro — repetia baixinho enquanto as lágrimas que eu tanto lutei contra para não borrar a minha maquiagem da Mac venciam a luta dos meus olhos.

Meu coração se sentia congelado, abandonado e enterrado embaixo de dois metros de neve. Minha vontade era sair do banheiro gritando: *Você não sabe nada da minha vida! Não me casei por interesse! E, só para você saber, casei com Billy já com o visto O-1 — de habilidade extraordinárias. O que significa que essa latina aqui conseguiu esse visto pelo seu trabalho com psicologia de mulheres, e posso trabalhar neste país sem ser casada. Mas se tivesse conseguido o visto por conta do casamento, teria o mesmo orgulho!*

Para quem não conhece o termo, para conseguir o visto de habilidades extraordinárias, a pessoa "deve demonstrar habilidades extraordinárias em ciências, artes, educação, negócios ou esportes por meio de sustentada aclamação nacional ou internacional", como descrito pelo Serviço de Imigração dos Estados Unidos.

Mas não disse nada. Fiquei lá, na cabine do banheiro, tentando segurar minhas lágrimas e pensando em provar o meu valor pelo que eu faço, pelos meus títulos e não pelo que sou, até elas saírem. Nenhum visto no mundo, nem o de "habilidades extraordinárias", que é um dos mais difíceis de conseguir nos Estados Unidos, tem o poder de fazer com que nos sintamos extraordinárias.

Ao encontrar Billy, implorei para irmos para casa. Ele concordou e fomos. Chorei o caminho todo e, chegando em casa, tivemos a nossa pior briga até então. Expliquei a ele como eu me sentia acusada e contei tudo o que aconteceu. Ele? Não compreendeu nada! Estávamos falando muito mais do que línguas diferentes!

Naquele dia, a vontade de ir embora de Fargo foi enorme. E quanto mais o tempo passava, mais essa parecia a única solução.

Caramba, como ele podia não entender o que eu estava passando? Fui taxada de interesseira antes mesmo de perguntarem meu nome ou minha profissão! As pessoas simplesmente presumiram que eu era uma latina desesperada para casar com um gringo por um *Green Card*. Eu tinha um emprego antes de me mudar. Era muito bem-sucedida — e respeitada. Não saí por aí procurando um marido para me tirar de uma vida horrível.

Deitei na cama com a roupa do corpo e esperei o sono me levar para um lugar distante... Billy falou:

— Não posso te ajudar se você não falar nada. Vou respeitar a sua privacidade. Estou aqui quando estiver pronta para falar.

Oi?! Como assim, "vou respeitar a sua privacidade"?! Eu falei e ele não entendeu! Estava esperando um abraço, uma insistência, um apoio, um carinho. Queria ouvir: "Amor da minha vida! Eu te amo! Não fique triste. Estou aqui para o que der e vier, minha princesa!".

Sim. Falávamos mesmo línguas diferentes. Há uma frase que os norte-americanos usam muito que retrata bem essa diferença: "*Your business is not my business*" ("o seu negócio não é o meu negócio"). Esse respeito ao espaço do outro é muito valorizado nos Estados Unidos. É muito difícil, por exemplo, uma amiga bater na porta de sua casa sem avisar para tomar um cafezinho. Geralmente, eles marcam com antecedência um encontro num *coffee shop*. Imagina aparecer do nada na casa de alguém!

Mas, naquele momento, não queria que ele "respeitasse" meu espaço, mas respeitasse os meus sentimentos. Queria que insistisse em conversar comigo, me abraçasse forte e me falasse que tudo ficaria bem. Mas, não! Ele "respeitou o meu espaço", virou as costas e foi dormir. Eu? Fiquei lá, com os olhos abertos e o coração fechado, me sentindo triste, sozinha e arrependida.

Meu Deus! O que eu fiz da minha vida?! Será que Moisés também pensou assim quando se viu no meio de um deserto quente, cuidando de ovelhas em vez de estar no conforto de um palácio?

Como é difícil sentir que perdemos nossa zona de conforto e estamos — por sei lá qual motivo — em um lugar ou situação diferente da que esperávamos. E o pior, sem saber o que vem pela frente. Moisés, por exemplo, estava destinado a ser um grande líder, mas ele não sabia e, até chegar lá, passou por inúmeras aflições e questionamentos. Você e eu, assim como Moisés, também não sabemos do futuro. Nosso cérebro tem a capacidade de imaginar, sonhar e tentar prever, mas saber mesmo somente Deus, essa força e sabedoria maior.

Naquele momento, comecei a concordar com a minha avó Geny quando ela falava que Deus era o verdadeiro autor das nossa vida. Porque, se dependesse de mim, eu jamais teria escrito um capítulo desse! E se esse Deus da minha avó era mesmo o verdadeiro autor da minha vida, eu não estava gostando nadinha da sua criatividade! Que falta de humor! Acho que a Lu — minha amiga de longa data — tem razão quando diz: "Deus, muitas vezes, não é um bom roteirista!".

Em momentos desafiadores, quando passamos pelos *desertos* da vida e vivemos capítulos difíceis, temos duas opções: nos desesperar ou ter fé, o que nos permite acreditar sem ver, confiar sem sentir e nos jogar no rio da vida com a certeza de que mãos amorosas vão nos acolher. A fé que nos faz acreditar que um dia a solidão vai ser transformada em compreensão, a dor, em sabedoria, o choro, em sorriso, o fracasso, em vitória, e nossos dramas, em uma grande história! A fé que naquela época eu não tinha. Assim, o máximo que consegui fazer foi chorar. Aquele choro reprimido no qual as lágrimas tocam fundo nosso rosto cansado e, sem perceber, limpam nossa alma e nos preparam para o próximo dia…

Às vezes, a melhor forma de começarmos a nos encontrar é nos dando a liberdade de chorar por nos sentirmos perdidas. Portanto, se hoje você precisa chorar, chore. Deixe as lágrimas caírem. Eu deixei…

AMIGAS®

BOOK CLUB

Agora é o momento de abrir o coração e deixar Deus agir. Use essas perguntas para compartilhar suas histórias, suas lutas e descobertas. Juntas vamos rir, chorar, orar e lembrar que somos filhas mimadas de um Pai que conhece cada detalhe da nossa caminhada.

1. O que mais te desafia quando você precisa se adaptar a um novo ambiente ou cultura?
2. Como você lida com o sentimento de não pertencer?
3. Qual foi o momento mais inesperado em que você se sentiu acolhida?

"O meu mandamento é este:
Que vos ameis uns aos outros,
assim como eu vos amei."

JOÃO 15:12

2.

QUANDO O *BUSINESS* TÁ FECHADO PARA BALANÇO

"Tudo tem o seu tempo determinado,
e há tempo para todo propósito debaixo
do céu."

ECLESIASTES 3:1

A CADA MÊS, AS DIFERENÇAS CULTURAIS ENTRE BILLY E EU SE acentuavam. Eu não conseguia entender, por exemplo, por que ele queria tanto trabalhar em casa durante os finais de semana depois de já ter trabalhado tanto durante a semana.

Aprendi que sábado e domingo são para descansar, fazer um churrasquinho com farofa, dançar, rir e jogar conversa fora. E, por algum motivo, o que eu via como um dia de descanso ele enxergava como uma ótima oportunidade para trabalhar em um projeto em casa. Descansar ficava só para o final do dia, quando terminava o trabalho.

Percebi, com o tempo, que não era apenas Billy. Muitos americanos são viciados no famoso DIY — *Do it Yourself* (Faça você mesmo). Eles adoram um projeto DIY, desde arrumar o jardim até fazer reformas na casa. Para Billy, esse era o foco de sábado e domingo. Mas, gente, cadê o sambinha, o churrasquinho, a feijoada e os beijos durante o dia?

Sabe aonde Billy mais gostava de ir aos finais de semana?! Na Mainardes, uma loja de material de construção. Certa vez, ele me convidou todo animado para ir:

— Vamos ao Mainardes neste fim de semana?

Com minha mente de brasileira que aprendeu que final de semana é para relaxar e visitar amigos e família, achei que Mainardes era sobrenome de algum amigo que tinha nos convidado para uma festa.

— Vamos, sim! Levamos um vinho e algo para comer? — respondi toda animada até descobrir que ele estava falando de uma loja!

Oi?! Loja de construção sem sequer estar reformando a casa? Eu queria comprar carne para o churrasco, amiga , e não parafuso para consertar a mesa!

Não me leve a mal, acho superlegal melhorar nossa casa, independentemente da cultura e, de quebra, economizar um dinheirinho. Também aproveito o fim de semana para ajeitar melhor minha casa e, algumas vezes, trabalho de sábado e domingo. Não é essa a questão. O que eu não conseguia entender era por quê ele só se permitia relaxar e descansar após trabalhar e terminar um projeto pesado. Era como se o prazer fosse um prêmio e não um estilo de vida, sabe?

Perceber esse jeito do Billy me fez lembrar de uma conversa que tive com uma mulher norte-americana no avião em uma das minhas viagens para os Estados Unidos, quando ainda fazia parte do clube das #MeBasto.

Uma mulher muito bonita e elegante que, ao sentar no assento ao lado, imediatamente sorriu para mim e perguntou:

— Você está viajando a trabalho ou por prazer?

Sorri também e respondi:

— Como assim? Tenho que escolher entre os dois? Não posso ter prazer e trabalho ao mesmo tempo?

Minha resposta intrigou a senhora norte-americana que, mais tarde, descobri ser uma professora de sociologia em Chicago. Então, ela continuou:

— Que interessante sua resposta! Como sua cultura tem uma visão diferente da minha.

— Ué, não é óbvio que a gente poder ter prazer de qualquer jeito, em uma viagem a trabalho ou de férias? No Brasil, é mais comum perguntar: "Você está viajando a trabalho ou de férias?".

— Uau! Nunca parei para pensar sobre isso. Acho que é reflexo de minha cultura. Nós, americanos, somos ensinados a focar no trabalho em primeiro lugar, e, quando terminamos nosso trabalho, aí sim, se encontrarmos tempo, focamos no prazer. Não que vocês ou nós estejamos certos ou errados, apenas é diferente a maneira como enxergamos as coisas.

E continuou:

— Isso explica muita coisa. É a terceira vez que estou no Brasil a trabalho, e uma das coisas que mais me fascinou foi visitar as favelas e ver tanta gente alegre vivendo em situações tão precárias. Eu vi crianças e adultos batucando em caixas improvisadas, alguns sem sapatos, mas sempre com um sorriso no rosto! Eu acredito que nós, americanos, temos dificuldade em encontrar prazer e felicidade com tão poucos recursos. E os botecos brasileiros, então?! Que lugar democrático!

— Como assim, "lugar democrático"? — perguntei, curiosa.

— Sim. Achei os botecos um símbolo da democracia! Todos se sentam ao redor do mesmo balcão e são tratados de forma igual, seja branco, negro, dono de empresa ou empregado, mulher ou homem... Temos muito o que aprender com vocês!

Gente, que mulher inteligente! Eu nunca pensei em democracia quando via um boteco!

Aquela senhora mal imaginava o quanto nossa conversa, que acabou durando quase o voo todo, iria, depois de muitos anos, me ajudar a entender não só um pouco mais sobre as diferenças entre a cultura norte-americana e a brasileira, mas, principalmente, a começar a entender um pouco mais sobre Billy e a mulher que comecei a me tornar depois que encontrei um gringo para chamar de meu. Grande parte de nossas brigas e do que eu estava passando era reflexo de problemas culturais, principalmente a nossa definição de prazer.

Constantemente, durante o final de semana, se Billy me visse sentada fazendo nada, logo perguntava:

— *What are you doing?* (O que você está fazendo?)

— *What do you want to do today?* (O que você quer fazer hoje?)

Fazer, fazer, fazer... *Do, do, do...* e eu querendo relaxar, relaxar e relaxar...

Percebi que a pressão cultural para fazer, trabalhar e construir algo é tão forte nos EUA que até influencia a maneira como os norte-americanos expressam amor. Billy, muitas vezes, usava a expressão "*Let's do 'the business', my love?*" (Vamos fazer "o negócio", meu amor?) quando queria dizer "fazer amor". Ou, nos raros momentos que tentava expressar seu amor por mim, dizia "*Thank you for being my partner and my team mate*" (Obrigada por ser a minha parceira e companheira de time").

Oi?! Negócio? Time? Parceira? O que é isso?

Onde foi parar o romance e a poesia?! Não quero fazer "business", *quero fazer* "love"*! Não quero ser sua "companheira de time"! Quero ser sua musa, sua deusa, sua feiticeira, o amor da sua vida! Cadê os meus cantores da década de 1990 para me ajudar aqui? Rosana! Fala para esse homem que eu preciso me sentir "Como uma deusa". Fábio Jr., meu idolo (Shhhhh... não conta para ninguém!), explica para esse americano que quero que ele fale para mim que sou a sua "alma gêmea, a metade da sua laranja, a sua amante..."*

Cresci vendo meu pai levar flores para minha mãe, dançando agarradinho e dando beijos calorosos nas festas da família, ou aquele apertinho de "leve" no bumbum na cozinha de casa, entre a fritada de ovo e o tempero do feijão, quando ele achava que ninguém estava olhando.

Sem me sentir amada pelo Billy e me sentindo MUITO sozinha, a única distração que tinha no inverno para tentar me animar um pouco era ir "passear" no Walmart, que ficava perto da minha casa.

Nossa, aquilo parecia um parque de diversões! Tinha de TUDO: xampu, gilete, cereal, serviço de chaveiro, pneu, cortador de grama, vara para pesca... Além de roupas, pão de forma e até armas! Ah, eu adorava andar pelos corredores de lá. Mas, ao mesmo tempo, via como minha vida tinha mudado. Até ontem eu andava de palco em palco em São Paulo com minha peça. Agora estou de corredor em corredor em um supermercado!

Em uma das ligações com minha melhor amiga de infância, a Ana, contei sobre o meu novo lugar favorito. Ela disse:

— Cristiane, para de ficar indo no Walmart. Você precisa de um *upgrade* e melhorar de nível. Já conhece a Disney das mães americanas?

— Não. Onde é?!

— Se chama Target!

E lá fui eu na tal da Target. Amiga! Minha vida mudou! Naquele dia, me senti mais feliz do que criança na Disney — minha amiga estava certa!

Com decoração branca e vermelha, todas as lojas da rede contam com um Starbucks logo na entrada e carrinhos de supermercado que já vêm com um porta-copos. Na hora fiquei tão feliz que, de repente, percebi que estava realmente vivendo uma vida sem prazer e paixão, pois a parte "mais *sexy*" (entenda como divertida, entusiasmante, surpreendente) de minha semana era "passear" num supermercado sozinha!

Sua diversão já foi essa? Andar e andar pelo supermercado e o auge do seu prazer é ver que o Neutrox está com 20% de desconto?!

Se você já passou por momentos assim ou está passando, eu só tenho uma coisa para dizer para você — a mesma coisa que falei para mim mesma naquela época:

#SaiDessaVida!!!

UM PRESENTE DE DEUS, MAS...

E no meio desse choque cultural e de tantos questionamentos e desapontamentos, um milagre aconteceu... descobri que estava grávida!

Quando contei a Billy, ele também ficou muito feliz. Foi um dos raros momentos em que nós dois concordamos com a mesma coisa e nos sentimos agradecidos.

Assim como na história de Moisés, em que Deus enviava alimento do céu, o Maná, para saciar a fome de seu povo cansado de caminhar pelo deserto, senti que aquela gravidez foi um presente de Deus para alimentar meu coração faminto de amor.

Para mim, foi como se um pedacinho do Brasil estivesse dentro de mim!

Mas minha alegria não durou muito tempo, até porque, como você já deve ter notado, eu era especialista em sabotar a minha felicidade e, imediatamente, deixei minha mente ser dominada por pensamentos de medo e ansiedade.

O que iria acontecer depois que esse bebê nascesse? Como Billy seria como pai? Será que ele iria amar a nossa filha com a mesma intensidade e dedicação que amava as filhas dele? Eu me apaixonei por Zara e Isa. Elas eram muito queridas, educadas e me tratavam com muito respeito. Foi realmente uma tarefa fácil aprender a amá-las. Graças a Deus tivemos, desde o início, um relacionamento muito lindo e especial. Mas e se nossa filha fosse chata e sem educação?

Está vendo? O faraó interior já queria roubar meu prazer de ser mãe antes mesmo de minha filha nascer! E quando eu expressava para Billy minhas preocupações em ser mãe ou qualquer outro problema ou medo que sentia, em vez de tentar me acalmar, ele parecia se incomodar com a maneira que eu me expressava.

— Por que você está falando alto e gritando assim?! Para de gritar. Se acalma. Os vizinhos podem nos escutar.

— Como assim? Eu não estou falando alto!

Ele sempre achava que eu estava falando alto demais ou brigando, mesmo que eu jurasse não estar. Percebi que os norte-americanos falam inglês com um volume de voz beeeem menor do que nós, brasileiros. É muito comum, nos EUA, ouvir pais falarem "*shhhh... inside voices!*" (Xiu... voz para dentro), quando os filhos estão em público falando um pouco mais alto. Imagina se isso funcionaria no Brasil! Povo expressivo que ama falar alto, ri de forma exagerada e torce apaixonadamente.

O respeito à privacidade e ao espaço do outro é bem forte. Acho isso muito importante, claro. E falta muito no Brasil, principalmente na cultura da minha família. Mas quando "ser educado" significa reprimir nossa voz e verdadeira emoção, não estamos mais falando de educação, mas de repressão. É preciso reconhecer essa linha tênue independentemente do país em que moramos.

Billy e eu crescemos em culturas muito diferentes. Sabia que ele havia crescido em uma família que, até o dia de nosso casamento, nunca tinha presenciado um gesto de afeto dos pais em público. Mas será, mesmo, que a culpa é da cultura — da minha ou da dele?

Óbvio que, naquela época, eu colocava TODA a culpa em Billy. Não tem coisa mais confortável do que ficar nessa situação de vítima. #Adoro! Mas se quisermos mudar, precisamos crescer e assumir nossa parcela de responsabilidade em algumas situações. Sim, é chato, mas não tem outro jeito se queremos nos libertar das nossas prisões e crescer.

Àquela altura do campeonato, eu já tinha engordado uns dez quilos, e com a dificuldade de comunicação e com a carência do toque e do beijo que sentia durante o dia, à noite, quando Billy chegava perto de mim, eu dizia:

— O *business* está fechado para balanço!

AMIGAS®
BOOK CLUB

Agora é o momento de abrir o coração e deixar Deus agir. Use essas perguntas para compartilhar suas histórias, suas lutas e descobertas. Juntas vamos rir, chorar, orar e lembrar que somos filhas mimadas de um Pai que conhece cada detalhe da nossa caminhada.

1. Como você equilibra carreira e vida pessoal quando um dos lados começa a falhar?
2. Já viveu uma fase em que precisou "fechar para balanço"? Como foi?
3. Você já teve medo de ser quem é por causa das expectativas sociais ou profissionais?

"Tudo tem o seu tempo determinado, e há tempo para todo propósito debaixo do céu."

ECLESIASTES 3:1

3.

SAUDADE... *WHAT?*

"Os que semeiam com lágrimas
colherão com júbilo."
SALMOS 126:5

ERA MAIS UM DIA NUBLADO PARA MIM, DAQUELES CHEIOS DE saudade de minha família e da vida que tinha no Brasil. Aquele dia em que a saudade era tão grande que eu não conseguia disfarçar as lágrimas que caíam no meu rosto enquanto eu lavava a louça. Quando Billy me perguntou o por quê de eu estar chorando e falei que estava com saudades, ele me questionou:

— *What is* "saudades"?! (O que é saudades?)

Como explicar esse sentimento para ele?! Saudade é uma palavra que não tem tradução em inglês. É mais profundo e dolorido do que apenas sentir falta de alguém, ou, como se fala nos Estados Unidos, "*to miss someone*". Não à toa, é a sétima palavra mais difícil de traduzir do mundo! Ele simplesmente não entedia. Eu tinha saudade não apenas do calor, da família e dos amigos, mas dos churrasquinhos gostosos com direito a picanha, farofa e vinagrete... De jogar conversa fora ao som de Zeca Pagodinho, sabe? Dos momentos que muitas vezes não valorizamos até o dia em que os perdemos.

Sentia um vazio em minha alma, uma tristeza em meu coração e uma sensação de abandono que não conseguia explicar. E não ter com quem compartilhar esse sentimento tornava tudo mais difícil. Se eu quisesse tentar melhorar essa dor e um dia sonhar em fazer um churrasquinho à brasileira em Fargo, precisava começar a fazer amizades e encontrar pelo menos uma *Starbucks Friend*!

Será que não consigo fazer amizades porque tem algo de errado comigo? Será que sou muito latina, muito morena ou muito diferente?

Não conseguia entender por que tinha tanta dificuldade em me relacionar. Justo eu, que amo conversar e conhecer pessoas novas. Caramba! Mas, sei lá por que, em Fargo eu travei. As pessoas me tratavam bem e eram simpáticas, mas parecia que havia uma barreira que me impedia de realmente fazer parte de suas vidas. Como se um muro nos separasse. Já sentiu isso? No frio, só via gente trancada dentro de um *coffee shop* segurando uma xícara de café quente na mão e conversando.

Gente, é só isso que esse povo faz aqui?! Poxa, quero bater papo com as amigas num dia de sol!

Parecia tudo meio sem cor. Só via o branco da neve por todos os lugares. #VidaSemCor

Por ser uma cidade pequena, muitas pessoas nunca saíram de lá e, portanto, criaram vínculos com suas famílias, amigos da escola e vizinhos. Eu não conseguia encontrar um lugar central na cidade onde todos se reunissem. Assim, comecei a pesquisar o que a população de lá fazia para socializar. Foi então que descobri os famosos *clubs* que existem nos Estados Unidos.

Não estou falando de clubes de balada e nem daqueles sociais com piscina ou quadra de tênis... Esses *clubs* são formados por um grupo de pessoas unidas por um hobby em comum. Há, por exemplo, o clube do livro, da culinária e até do álbum, no qual as mulheres se reúnem para montar álbuns de família. #NotMyClub

A ideia de pessoas se unindo para compartilhar uma paixão foi incrível para mim. Nunca tive a oportunidade de fazer isso antes. No Brasil, quando a gente mora na mesma rua já se considera, automaticamente, do mesmo clube, e se encontra sempre, sem precisar ter o mesmo hobby ou marcar hora. A gente aparece na casa da nossa vizinha sem avisar, e ela já nos convida pra comer a lasanha de sua tia, a Dona Angelina, que mora na rua de cima. E, quando vemos, já estamos chamando a tia da nossa amiga de tia também, e não demoramos muito para nos intrometer e dar a opinião nos problemas da família. Entende a saudade que sentia no meu país?

Nos Estados Unidos, devido à organização dessa cultura, tudo é devidamente planejado e calculado. Essa privacidade, que admiro, estamos a anos luz de conhecer, pelo menos eu e minha família, que acredita que privacidade é só na hora de ir ao banheiro — e se for o número 2!

Comecei, então, a procurar clubes que me aceitariam. Claro que o primeiro a ser descartado foi o clube do livro, afinal, com o meu inglês mais ou menos, nunca teria coragem de participar da leitura. O próximo da lista foi o clube do crochê. Gente, fiz crochê com muito orgulho durante a minha adolescência #Juro. Quem não amou aqueles cachecóis coloridos e aquelas bolsinhas de crochê com anel de lata de refrigerante?! Pode confessar. Eu amava! Mas não estava preparada para voltar para esse clube. Quem sabe quando tiver uns 72 anos, né?

Foi então que descobri que as mulheres do meu bairro se encontravam para jogar baralho no chamado Clube do Baralho. Adorei! Até porque, buraco e truco correm no sangue da minha família! Era o clube perfeito para mim! Como elas diziam que o encontro era aberto para todas, mandei um e-mail para a responsável, mas nunca recebi nenhum convite, ou resposta. Eu disse NENHUM. Todas as minhas vizinhas pareciam ser convidadas, apenas eu que não! E para a minha surpresa e desapontamento, descobri que a minha vizinha da frente que falou TODA SIMPÁTICA que iria falar com a líder do clube para me incluir na lista era, na verdade, a organizadora do grupo! #CarminhaDeFargo

Por que será?, eu pensava.

Perguntei, também, como fazer parte de outros grupos, mas sempre escutava desculpas como:

— Ah, esse grupo é muito antigo. Nos encontramos há três anos, mas quando alguém sair, avisamos.

Oi?! Ou melhor... *Hi?!*

Até que chegou um momento em que cansei de tentar fazer parte desses *clubs* e tomei a decisão de que "não quero pertencer a nenhum clube que me aceite como sócio" — palavras sábias do comediante Groucho Marx.

Quanto tempo perdi nessa fase, tentando ser aceita por clubes e pessoas que não tinham nada a ver comigo! Hoje, aprendi que se precisamos fazer muito esforço para sermos aceitas, significa que não fazemos parte daquela tribo. Por isso, não perca o tempo que eu perdi. #Anota!!!

Até que anos mais tarde li um artigo no jornal *Star Tribune* que me fez entender a cultura daquela cidade tão longe de casa que agora eu chamava de lar. O jornal entrevistou várias pessoas de países e estados de fora que se mudaram para essa região no meio dos Estados Unidos, chamada *Midwest*, e adivinha? A maioria se sentia excluída! Ufa, não estou sozinha.

O artigo dizia:

"Para os habitantes locais, Midwest Nice é realmente legal... Fale com pessoas que se mudaram de outros estados e países e você terá uma história diferente..."

Nice significa "legal". É um termo muito usado para descrever a simpatia das pessoas dessa região. Não. Não estou sendo irônica. Elas são simpáticas mesmo! Estão sempre com um sorriso no rosto, cumprimentando estranhos que passam pela rua e dispostas a te ajudar se você precisar.

Mas o artigo aborda o outro lado dessa cultura que eles chamam de *Midwest Ice* (fria). Segundo a matéria: *"Aqui todos são educados, mas a distância pessoal é muito grande para as pessoas que se mudam para cá... elas se sentem solitárias, e raramente são convidadas para eventos sociais."*

É. Tudo parecia bem explicado!

Ao perceber essas diferenças, cheguei à conclusão de que muitos dos problemas pelos quais estava passando eram mesmo culturais e não pessoais. Eu não era a única!

Mas a cultura não é propriedade exclusiva dos países. Empresas, famílias e grupos de amigos têm suas próprias culturas. Sabe aquelas piadinhas internas e apelidos que só você e suas amigas entendem? Então, fazem parte de sua língua e de sua cultura. O problema começa quando começamos a acreditar que um problema cultural é um problema pessoal. Aí corremos o risco de ver nossa identidade abalada.

Eu acreditei por muito tempo que o fato de as pessoas em Fargo serem mais reservadas era sinal de que tinha algo de errado comigo.

A cultura deles passou a ser um problema meu! E isso aconteceu com o Billy também. Por um bom tempo, quando ia comigo para o Brasil, ele ficava superofendido quando as pessoas chegavam atrasadas para seus compromissos. Até ele entender que chegar atrasado, mesmo sendo errado, na maioria das vezes era algo cultural e não pessoal.

Não foi fácil separar quem "eu" era de quem "eles" eram, e descobrir como "nós" poderíamos nos relacionar. E foi mais difícil ainda aprender a não deixar a saudade de onde vim me impedir de apreciar a beleza de onde estou!

PEIDORREIRA À PAISANA

Na tentativa de melhorar minha saudade, meu humor — e o nosso relacionamento —, Billy me convidou para uma *date night*.

— Cris, vamos a um evento de arrecadação para uma instituição de caridade aqui da cidade e depois podemos jantar em um dos meus restaurantes preferidos. O que acha? Você precisa sair de casa um pouco...

Topei. Assim que chegamos ao evento, Billy pegou uma taça de vinho, e eu, grávida, uma limonada. Começamos a bater papo com dois casais de amigos da época do colegial de Billy. Eu, claro, com vergonha do meu inglês, apenas sorria e concordava com tudo que eles estavam dizendo.

A limonada estava fresquinha e os petiscos da festa estavam bem gostosos. Um croquete de espinafre aqui e um pedacinho de *nachos* com salsa ali, e comecei a ouvir um ronco desagradável vindo da minha barriga. Era como se o suco estivesse incomodado com o pão com manteiga que havia comido no café da manhã #SemiDesespero. Comecei a cruzar as pernas e a pensar:

O que está acontecendo dentro de mim?

A cólica era forte, assim como a barulhada em minha barriga. Parecia mesmo que tudo o que havia comido antes do evento estava em guerra: o café da manhã estava lutando contra o lanche da tarde, que estava brigando com o suco.

Será que alguém mais está escutando?, pensei, aflita.

Foi então que, de uma forma repentina, senti que todos os gases formados em minha barriga estivessem desesperados por uma saída de escape. Um dos casais começou a falar comigo e, apesar de serem muito simpáticos, não conseguia me concentrar em nenhuma palavra. A única coisa em minha mente era:

Meu Deus! Quero peidar e não sei se vou conseguir segurar!

E os pensamentos só aumentavam...

Será que se eu libertar o peido dessa prisão, ele vai sair com tanta raiva e começar a atirar em todo mundo que encontrar pela frente e fazer aquele barulho de metralhadora? Ou será que vai ser do tipo "peido terrorista", que, de forma silenciosa e inusitada, ataca quando a gente menos espera e destrói todo mundo como um gás lacrimogênio fedido?! #HELP!

Estou tão desesperada que até chamando o peido de terrorista estou! Acho que essa expressão não é politicamente correta. Ainda bem que não falei isso para ninguém. Agora preciso encontrar um jeito de sair do meio desse grupo...

O desespero era tanto que conseguia imaginar os gringos falando: "Nossa, essa brasileira posa de perfeitinha, mas é uma baita de uma peidorreira!".

Pedi licença e fui ao banheiro. Para aumentar meu desespero, vi uma fila de cinco mulheres. Eu não ia aguentar! Meu peido estava pronto para atacar a qualquer segundo! Tive que tomar uma decisão rápida — de que não me orgulho —, mas que foi necessária! Fiquei andando pela sala procurando alguém que tivesse "cara de peido", alguém que eu pudesse soltar esse presente de grego bem ao lado e sair andando. Aí iriam achar que era daquela pessoa. Olha eu aí sendo politicamente incorreta — de novo — e julgando os outros pela aparência! #Culpada

Ao analisar rapidamente todas as pessoas da festa e a posição que estavam no salão, avistei uma vítima: uma mulher bonita, toda sarada e bombada próxima da mesa de petiscos.

Opa, é essa mesmo! Tenho certeza de que o motivo de ela ter toda essa musculatura em dia é por tomar aqueles shakes de proteína que

fazem a gente soltar peidos fedidos que nem parecem ter cheiro de ser de humano. Oba! Essa é minha vítima perfeita! Cheia de proteína no corpo e batata-doce.

Aproximei-me e fingi que queria comer o mesmo petisco que ela: camarão com bacon (em Fargo, eles põem bacon em tudo! Sei que não é saudável, mas é tão bom!), e fui me aproximando da vítima. Quando cheguei ao lado dela, finalmente consegui desgrudar minhas nádegas e soltei aquela coisa quente, aquela bomba represada dentro de mim! Graças a Deus foi daqueles peidos terroristas que atacam silenciosamente, mas que têm um cheiro mortal! #Ufa

Amiga, vou confessar que nessa fase de minha vida, esse não foi o primeiro nem o último peido que tive de esconder. E nesse processo de me tornar "peidorreira à paisana", aprendi uma grande lição: para você não ser pega, precisa assumir o seu peido com o maior poder e autoconfiança desse mundo. Não pode fazer cara de criminosa! Dei um sorriso lindo para a gringa sarada e saí andando toda poderosa, balançando meu cabelo tipo garota propaganda da Pantene! #EstavaSalva

A questão é que eu não entendia por que o meu corpo estava daquele jeito! Onde quer que eu estivesse — e a qualquer hora do dia —, parecia uma metralhadora peidorreira e vivia com intestino preso. Foi então que descobri que estava sofrendo da Síndrome do Intestino Irritável (SIL) porque tinha alergia a glúten. Como assim? A culpa então era desse glúten filho da mãe?! Agora vou ser aquelas chatas que quando vão ao restaurante ficam perguntando se o molho de salada e o canudo de bambu têm glúten? Que chato! Gente, o que aconteceu com o meu corpo?!

Não dá mais para continuar assim! Minha situação está cheirando tão mal que até o meu intestino está irritado com a vida que estou levando. #Socorro!!!

AMIGAS®
BOOK CLUB

Agora é o momento de abrir o coração e deixar Deus agir. Use essas perguntas para compartilhar suas histórias, suas lutas e descobertas. Juntas vamos rir, chorar, orar e lembrar que somos filhas mimadas de um Pai que conhece cada detalhe da nossa caminhada.

1. O que a palavra "saudade" significa para você, além da distância?
2. Você já se sentiu sozinha mesmo cercada de pessoas?
3. O que ou quem te traz de volta para sua essência quando está longe de casa (literal ou emocionalmente)?

"Os que semeiam com lágrimas colherão com júbilo."

SALMOS 126:5

4.

DEUS TÁ DOIDO?!

"Porque os meus pensamentos não são os vossos pensamentos, nem os vossos caminhos os meus caminhos, diz o Senhor."
ISAÍAS 55:8

EM MEIO A TANTOS PROBLEMAS, PRESSÕES E PEIDOS, FIZ O ULTRASsom e descobri que estava grávida de uma menina. Meu coração se encheu de alegria. Que felicidade!!! Vamos à Target, dançar juntas, fazer as unhas e passear no Starbucks!

Mas mesmo me sentindo feliz com essa notícia, conforme os dias e os meses foram se passando, sentia que Billy e eu continuávamos nos distanciando, e isso doía demais!

Enquanto meu corpo, meu apetite, meu humor, minhas emoções — e o tamanho da minha calça! — mudavam, Billy acordava todos os dias no mesmo horário, comia o mesmo cereal de café da manhã, de pé, lógico, e vestia a mesma calça jeans. Cadê a igualdade, Deus?

Eu sentia todas as transformações e o milagre de carregar um ser dentro de mim, mas mesmo assim me sentia muito sozinha.

O dia do nascimento de minha filha chegou. E o que seria um dia feliz se tornou um dos mais difíceis de minha vida. Depois de quatro horas que Luiza nasceu, recebi a notícia de que ela parou de respirar e precisaram ressuscitá-la.

— Agora ela está na UTI, mas não podemos garantir nada! Isso pode durar alguns dias ou meses — disse um dos médicos.

— A senhora está liberada e damos notícias.

Como assim, liberada?! Eu não vou embora deixando minha filha aqui sozinha com todos esses tubos e fios enfiados em seu corpo. Eu quero levá-la em meus braços! Por favor, não faça isso comigo. Eu esperei nove meses por esse momento. Não posso voltar para casa sem ela. Eu durmo no chão ao lado dela, se precisar.

Pelas regras do hospital — com certeza criadas por algum desumano —, tive que voltar para casa e deixar o meu bebê! Voltei desolada, sem chão e sem saber o que fazer de minha vida. Olhei pelo retrovisor do carro e, quando vi o carrinho que tinha comprado para levar Luiza para casa vazio, uma dor imensa encheu o meu coração de uma forma que nunca havia sentido antes. Parecia uma dor física, como se uma parte do meu corpo tivesse sido arrancada de mim. As mãos doíam, os braços doíam. O coração doía... Pedi para Billy parar o carro e cheguei a vomitar em frente a uma pizzaria perto da nossa casa, de tanto chorar.

Os dias foram passando. Oito no total — os mais longos da minha vida. Todos os dias, eu e Billy íamos visitar a nossa Luiza para ver se ela estava bem. Toda vez que eu entrava no elevador do hospital, o medo de que ela pudesse morrer me deixava paralisada. Era difícil andar e respirar normalmente. Até que, certa noite, não suportando mais a agonia da espera e de sentir que uma parte tinha saído de dentro de mim, olhei mais uma vez a Bíblia que minha avó havia me dado e num grito de desespero, falei chorando, bem alto:

— Cadê o Deus da minha avó Geny, que quando a gente fala, Ele escuta?! Então, por favor, tira a minha filha daquele hospital! Eu não aguento mais sentir essa dor!

Naquele momento, senti uma paz e uma calma inexplicáveis. Era como se uma certeza dentro de mim dissesse que minha filha tinha sido curada. Então, decidi levar a mala de roupas dela comigo na próxima visita. Billy olhou a mala e falou:

— Por que está fazendo isso com você mesma? Não quero que leve essa mala e se decepcione. Não ouviu que o médico falou sobre nossa Luiza poder ficar no hospital por mais uma semana ou meses? Ela não nasceu prematura, ela parou de respirar! Eles estão tentando descobrir o motivo que causou essa parada e se ela ficou com alguma sequela. Deixa a mala dela aí. Vamos levar a mala somente quando for para trazê-la para casa.

Mas como sou teimosa, catei a malinha de roupa e levei. Assim que chegamos, a enfermeira disse:

— Tenho uma boa e uma má notícia: a boa é que a filha de vocês pode ir para casa hoje! A ruim é que terão que voltar para pegar as coisas dela.

— Não vai precisar. Está tudo aqui — disse.

Foi coincidência ou milagre?, fiz essa pergunta em silêncio, sabendo que ninguém poderia me dar a resposta.

E fomos com nossa pequena Luiza para casa. A gratidão que senti por esse Deus da minha avó Geny foi imensa. A minha filha estava finalmente em meus braços! Meu coração se enchia de alegria e orgulho quando olhava para os olhinhos curiosos e o sorriso gostoso da minha Luiza, mas, em minha mente, sentia uma tristeza e um vazio enorme que não conseguia compreender.

Sem saber que estava sofrendo de depressão pós-parto, eu me perguntava:

Porque estou me sentindo tão triste no momento mais feliz da minha vida?

PERDIDA EM MIM MESMA

Era uma mistura de tristeza com culpa e desesperança. Não conseguia dormir, conversar, nem sorrir. Dormia e acordava chorando. Olhava minha filha linda e me sentia culpada por não conseguir ser feliz e dar todo o amor e a alegria que ela merecia, ainda mais depois de tudo o que ela tinha passado. Eu me olhava no espelho e não reconhecia quem eu tinha me tornado. Os trinta quilos que ganhei na minha gravidez, o cabelo sem lavar há dias, as olheiras profundas e o olhar... Ah, o olhar! Ele era sem vida, como uma janela para o corpo sem alma que eu tinha me tornado.

Lavar o cabelo para quê? Raspar a perna? Como, se eu nem conseguia me lembrar da última vez que comprara uma gilete? A minha vida estava no automático. Acordava, cuidava de minha filha e levava o dia. Comia o que achava pela frente ou nem comia. Tanto faz. Quem iria se importar se eu estava ou não comendo?

Billy vinha pra casa apenas à noite e, quando chegava, ocupava-se cuidando de nossa filha. Eu? Continuava lá, apenas existindo.

Como a mulher-árvore-muda no canto da sala. Como me sentia desinteressante e incapaz...

Nossos diálogos se resumiam ao menu do jantar e nossa filha. Nos afastamos tanto que perdemos o interesse um pelo outro. Eu sofria calada, tendo conversas imaginárias comigo mesma. E o que mais me incomodava é que parecia que o mundo ainda girava normalmente, independentemente de meus sentimentos.

Com meu relacionamento mais frio do que um freezer, não sabia mais o que era paixão — nem prazer e paz. Era como se dois estranhos estivessem morando na mesma casa, obrigados a conviver. Não consegui me conectar a ele nem à cultura de Fargo. Isso me fez perder o mais importante, o motivo da minha mudança: a conexão com Billy. E com isso, sentia uma carência enorme.

Como te contei no início desta história, quando eu era solteira, perdi muitos anos sendo uma verdadeira "mendiga emocional", e me contentava em receber restos de amor, esmolas de elogios e sobras de aprovação. Depois que encontrei meu "grande amor" e me casei com Billy, a única coisa que mudou foi que passei a ter outra pessoa ao meu lado para responsabilizar por minha carência emocional. Em vez de me sentir carente porque não encontrava o homem certo, me sentia carente porque estava com o homem errado! #MulherDifícil

Nas poucas vezes em que tentava dizer algo, falava a Billy que sentia falta de mais afeto, de mais carinho e dele expressar o seu amor de uma forma mais intensa ou "latina". Sabe o que ele dizia?! Que aquele era o jeito dele, de sua cultura. Que eu tinha que me adaptar, pois ele jamais expressaria o amor da maneira que eu queria.

Até que, certo dia, eu estava chegando da #DisneyParaMulheres (a Target) e escuto gritos vindo da minha sala: *"I love you!"*. Meu coração acelerou. Não sabia o que fazer. Deixei as sacolas todas dentro do carro e fui correndo em direção a voz do meu amado, que continuava a gritar e jurar amor eterno.

Ai, que lindo! Tudo vai mudar agora.

Mas, para minha surpresa, quando cheguei na sala, encontrei Billy BEIJANDO a televisão e gritando ainda mais alto e com muita paixão: "EU TE AMO!", pois seu time, o Vikings, tinha acabado de marcar pontos — *touchdown,* como eles chamam — contra seu principal rival, os Packers, e ele não conseguia conter a alegria. Era tipo uma final de campeonato entre Corinthians e Palmeiras, e o meu gringo estava alucinado! Ele pulava e gritava "Eu te amo!" de uma forma tão apaixonada que nem Don Juan conseguiria expressar. Eu olhava a cena e minha vontade era de colocar a televisão e o meu marido na rua. Ele conseguia mostrar seus sentimentos e paixão por um time, mas não conseguia expressar sua paixão por mim?! #SóPodeSerPiada

Será que se eu andar pela casa com esse capacete de futebol americano e começar a usar as ombreiras da década de 1990 ele vai ficar tão atraído por mim como é pelo seu time?

Foi a gota d'água para mim! Naquela noite, tivemos uma conversa muito séria. Falei sobre minha decepção e de como eu tentei me convencer de que a dificuldade que ele tinha em expressar amor era por conta da cultura. Mas, não! Naquela noite, havia percebido que era tudo mentira. A verdade é que ele conseguia expressar paixão por um time de futebol, mas não por mim. Não podia continuar vivendo daquela forma. E comecei, por puro instinto, a arrumar as malas para ir embora, num gesto de revolta. Claro que o episódio do futebol foi apenas o gatilho que faltava, não era o motivo real. Eu estava cansada de tudo! Da cidade, da cultura, do casamento e, principalmente, da mulher que tinha me tornado. Éramos estranhos morando no mesmo iglu.

De repente, olho para o lado e vejo Billy no quarto segurando a minha mão e implorando para eu parar de fazer as malas.

— Cris, me perdoa... Desculpa por não saber te fazer feliz. Juro que te amo e sou apaixonado por você. Tive um pai que me ensinou a caçar, não a enviar flores, e uma mãe que me levou para jogar hóquei, não para uma aula de samba. Cresci em uma cultura que me ensinou a falar baixo e respeitar o espaço do outro, não a gritar aos quatro cantos "te amo" e beijar na frente dos outros. *Well,* a não ser que a gente esteja expressando amor pelo nosso time, como você acabou de ver. Poxa, me desculpa! Eu tento dar o meu melhor e ser mais romântico, mas não é fácil.

— Romântico?! Me fala uma coisa romântica que você fez para mim nos últimos meses?

— Eu... eu... eu... Eu levo o lixo para fora toda a semana!

— O quê?! Você tá de palhaçada comigo? Quando levar o lixo para fora virou romantismo?

Ao olhar a expressão de seriedade e desapontamento no rosto dele, percebi que Billy não estava de palhaçada, ele REALMENTE acreditava que isso era romantismo.

E foi então que, com lágrimas nos olhos, ele se ajoelhou na minha frente e falou:

— Por favor, não desista da gente assim tão fácil. Eu sei que não sou perfeito, mas eu te amo. Fica comigo e me ajuda a ser o homem que merece o seu amor. Não vai embora sem antes ter realmente ficado — pediu Billy.

— Como assim, "realmente ficado"? Estou aqui há quase dois anos! Quantas vezes tentei conversar? Quantas vezes disse que seu jeito me magoava?

— Está mesmo, Cristiane? Você realmente está aqui? Está como?! Você reclama de tudo. Nada do que eu faço parece suficiente, e nada do que você faz é perfeito para você. Você nem se arrisca a ligar para marcar uma unha ou tenta fazer amizades, pois fala que seu inglês não é perfeito o suficiente. Você vive preocupada com o que os outros pensam ou vão pensar de você. Fala que vai para academia para se cuidar e vive procrastinando os seus objetivos! E depois coloca a culpa em mim, na cidade, no frio, no racismo, na falta de amigos...

Então, Billy falou a frase que nem ele nem eu sabíamos que seria a semente para o início de minha transformação, e o que me inspirou a escrever este livro muitos anos depois:

— Deve ser muito difícil viver dentro de sua mente. Essa mente cheia de perfeccionismo, preocupação e procrastinação! Você é uma mulher livre, mas vive dentro de uma prisão!

Amiga, não preciso nem dizer que detestei ouvir essas verdades!

Esther Perel, psicóloga belga, disse em uma de suas entrevistas que "muitas vezes não queremos nos divorciar da pessoa com a qual estamos nos relacionando, mas da pessoa que nos tornamos nessa relação".

Eu me tornei uma mulher crítica, perfeccionista, preocupada, procrastinadora, infeliz e ingrata. Não queria perder Billy, mas queria me encontrar novamente. Precisava resgatar aquela mulher livre, confiante, feliz, criativa e divertida que sempre fui e por quem ele um dia se apaixonou, mas que se perdeu com as frustrações da nossa vida.

Cadê essa mulher que um dia eu fui e deixei ser roubada de mim? Quando foi que comecei a perdê-la? Quem a sequestrou de mim? Eu preciso urgentemente me reencontrar novamente!

Você já se sentiu assim também? Perdida dentro de si mesma?

Enquanto olhava aquela mala aberta no meu quarto, cheia de roupas amassadas, e me sentia totalmente perdida, recebi um telefonema que mudaria a minha vida. Mas não para melhor, pelo contrário, para bem pior! Era a minha irmã dizendo que meu pai estava doente, com pancreatite, e os médicos não sabiam quanto tempo ele tinha de vida.

Como assim, Deus? Você tá doido?! Foi para isso que vim pra cá? Esse foi o roteiro perfeito que tinha para mim? Largar a minha carreira de diva nos teatros brasileiros para me tornar uma doida depressiva nos Estados Unidos e ainda por cima ficar longe do meu pai no momento em que ele mais precisa de mim? Já não bastava tudo que enfrentei com o nascimento de minha filha? Se você é o verdadeiro autor da minha história de vida, você é um péssimo escritor!

Mal tinha me recuperado do que aconteceu com minha filha... Agora essa notícia do meu pai. Meu mundo desabou de vez! Fiquei desolada.

Falei ao Billy que precisava de um tempo para pensar e iria voltar ao Brasil para visitar meu pai que estava doente, e que, na volta, iria decidir se iria ficar ou... me separar.

Como ter certeza de que ele mudaria mesmo? Foram dois anos juntos, mas separados a maior parte do tempo. Parece que toda aquela paixão que sentimos no início acabou se congelando com o inverno dessa cidade fria.

Embarquei com minha filha Luiza nos braços e SOZINHA! Foi um voo difícil, dolorido. A única coisa que queria naquele momento era silenciar meus pensamentos e viver uma cena de filme. Queria olhar para trás e ver Billy correndo em minha direção, dizendo que me amava e que não me deixaria sozinha em um momento tão difícil. Mas, pelo jeito, a minha história estava longe de ter um final feliz.

Me sentindo sozinha e triste por saber que o motivo daquela viagem não era "prazer ou trabalho", mas ter que, talvez, dizer o último adeus ao pai que tanto amava, cheguei à conclusão de que meu sonho americano tinha realmente se tornado um verdadeiro pesadelo! Bem que minha amiga Ana me falou....

Mais uma vez, questionei a existência de Deus. Pois acreditar que Ele existia era acreditar que ele não ligava para mim.

Sentir que estamos sozinhas no momento que mais precisamos de alguém ao nosso lado, é um dos *desertos* mais difíceis de atravessar — são momentos em que parece que a voz da esperança e a de Deus se calam, e o único som que ouvimos é a voz de nossa dor e de nosso desespero...

Deus!!! Você está me ouvindo?! Me responde, por favor!!! Me ajuda!!!

E sem ouvir uma resposta, nem sentir uma sensação de esperança ou perceber algum sinal, entrei ainda mais em desespero, e acabei tendo uma crise de pânico dentro do avião.

Não sei se você já passou por *desertos* de silêncio e solidão tão desafiadores como esse que passei, mas o que eu não sabia naquele momento, é que JAMAIS podemos confundir o silêncio de Deus... com sua ausência!

NÃO APRENDI A DIZER ADEUS...

Quando cheguei ao Brasil, a primeira coisa que fiz foi limpar as lágrimas de desespero e saudades que caíam abundantemente enquanto o avião pousava, e correr para visitar meu pai no hospital.

Assim que ele me viu, com Luiza em meus braços, seus olhos se encheram de lágrimas e ele pediu para segurá-la.

— Filha, ela é linda! Um verdadeiro milagre!

Segurei as mãos fraquinhas de meu herói, que tinha acabado de sair de um coma, sabendo que era última vez que a seguraria, e choramos juntos. Ele logo disse:

— Conta para o papai o que está acontecendo. Vejo em seus olhos, Cristianinha, que você não está bem. E não é só por por mim. Sua irmã comentou que parece que você não está feliz com o seu marido. É verdade?

A filha da mãe da minha irmã não consegue guardar um segredo! Não queria encher meu pai num momento tão difícil com os meus problemas. #Fofoqueira

Foi então que resolvi contar pela primeira vez sobre Billy, e tudo que estava acontecendo...

— Pai, sempre sonhei em ter um homem alegre e romântico como você. Mas Billy tem receio até de pegar minha mão em público! Eu queria alguém que expressasse amor de forma rasgada, e não com tanto receio e limitação. Eu me sinto tão sozinha e mal amada...

Mesmo doente, meu pai riu. E com todo seu senso de humor, deu um sábio conselho:

— Filha, você escolheu um marido americano. E um americano de Dakota do Norte, um dos estados mais conservadores do país. Você não pode esperar que ele seja como um amante latino que vive te tascando beijos em praça pública! Se você quisesse um homem romântico assim, deveria ter se casado com um italiano! Mas não se esqueça que muitos deles seriam românticos com você, com a sua vizinha, sua melhor amiga...

— Pai, fala sério. Agora não é hora de brincar. Até numa cama de hospital você me faz rir!

— Sério, filha. Você casou com um homem bom, trabalhador, que te respeita e te ama da maneira que ele aprendeu a amar. Seja esperta e, em vez de pegar suas malas e desistir, transforme o seu americano frio em um amante latino quente. Assim, você vai ter o melhor dos dois mundos. E faça o mesmo em todas as áreas: traga o melhor dos seus dois mundos para a sua vida, minha Cristianinha. Tem muita coisa boa e bonita na cultura americana que você precisa trazer para a sua vida.

— Mas, pai, é uma cultura muito diferente da nossa. O Billy mesmo assumiu que nunca aprendeu a tratar uma mulher com mais afeto e carinho... quem sou eu para mudar isso? Ele acha que ser romântico é colocar o lixo para fora de casa, que sentar e tomar café da manhã por mais de dez minutos é perda de tempo e que abraçar e beijar em público é praticamente um crime! Nunca vi gente tão diferente e estranha!

— Você é a mulher que ele ama. E eu sei que você ainda o ama. Homem que é homem de verdade quer fazer a mulher que ele ama feliz.

— Ai, pai, está muito difícil. Tentei por dois anos. Acho que vou pedir o divórcio.

— Você pode, sim, pedir o divórcio. Você sempre vai ter essa opção. Mas antes de se divorciar, você precisa, primeiro, verdadeiramente se casar!

— Mas eu me casei, pai!

— Será? Você realmente se casou com Billy e sua cultura? Filha, sei que está difícil, mas volta para sua casa e não desiste da batalha antes de realmente ter lutado.

— Não, pai. Estou cansada e aqui é a minha casa, ao seu lado. Já liguei para Billy e falei que não sei quando volto, pois não vou te deixar aqui em uma cama de hospital.

— Filha, se quer mesmo me fazer feliz, faça você mesma ser feliz, pois minha maior alegria é ver meus filhos felizes e realizados. Fica um tempinho para matar a saudade da família e dos seus amigos, mas volta para sua nova vida e cuida da sua nova família, do Billy e de suas três filhas, com o mesmo amor que cuidei de vocês. Casa primeiro com o seu marido, faça a sua parte para trazer o melhor dos seus dois mundos, e depois decide se quer se divorciar. Não fuja de um lugar sem antes ter entrado de corpo e alma. Senão você nunca vai saber se realmente daria certo.

— Mas e se eu voltar e nada mudar?

— Eu sei que você vai conseguir tudo o que sonha em seu coração, Cristianinha. Sabe por que sei disso?

Nesse momento, peguei a mão de meu pai novamente, olhei em seus olhos, deitei em seu peito protetor sentindo o cheirinho de perfume Azzaro que ele usou a vida inteira, e nós dois falamos juntos sua famosa frase:

— Porque fui eu que te fiz!

E esse foi o último abraço que dei em meu herói.

AMIGAS®
BOOK CLUB

Agora é o momento de abrir o coração e deixar Deus agir. Use essas perguntas para compartilhar suas histórias, suas lutas e descobertas. Juntas vamos rir, chorar, orar e lembrar que somos filhas mimadas de um Pai que conhece cada detalhe da nossa caminhada.

1. Qual foi a situação mais confusa em que você teve que confiar em Deus mesmo sem entender nada?
2. Você já se sentiu brava com Deus? O que fez com esse sentimento?
3. Em quais momentos você conseguiu enxergar propósito mesmo na dor?

"Porque os meus pensamentos não são os vossos pensamentos, nem os vossos caminhos os meus caminhos, diz o Senhor."
ISAÍAS 55:8

5.

LUTAR COMO ROSA PARKS E DANÇAR COMO SHAKIRA

"Revesti-vos de força e dignidade;
sorri para o futuro sem medo."

PROVÉRBIOS 31:25

SEGUI O CONSELHO DE MEU PAI. FIQUEI UMAS DUAS SEMANAS no Brasil e decidi voltar para Fargo. Mesmo com uma dor imensa em meu coração e com vontade de pedir o divórcio, de alguma forma, a última conversa que tive com meu herói fez com que eu percebesse o quanto precisava recuperar territórios preciosos que deixei serem roubados de mim, inclusive a minha liberdade de viver uma vida por inteiro, e não mais pela metade.

Eu percebi que eu queria me divorciar sem antes ter realmente casado com Billy. Queria desistir de emagrecer antes mesmo de ter cuidado com mais respeito do meu corpo. Falava que eu não me sentia conectada e aceita em Fargo sem ter feito nenhum esforço para me conectar com uma única pessoa e aceitado a minha nova vida. Eu acreditava que nunca mais iria voltar a trabalhar como palestrante nos Estados Unidos por causa das minhas barreiras com o meu inglês, sem antes ter tentado, ao menos, marcar uma unha por telefone! Quando olho a minha história, o meu inglês não mudou muito desde o primeiro dia em que cheguei aos Estados Unidos, o que mudou foi a minha capacidade de me aceitar do jeito que sou, com meu sotaque forte de brasileira.

Ah, como queria poder dizer que vivia minha vida como uma de minhas escritoras preferidas, Clarice Lispector, um dia falou: “Não sei amar pela metade. Não sei viver de mentira. Não sei voar de pés no chão”. Mas, no meu caso, infelizmente perdi muito tempo amando pela metade, escondendo minha verdade e afundando meus pés no chão como um filhote de águia amedrontado em descobrir a força de suas próprias asas. Eu sinto falta da mulher que fui e deixei ser roubada de mim! Precisei me trazer de volta por inteira e deixar de viver pela metade! Eu estava com saudades de mim! Você também já se roubou da liberdade de viver por inteiro e se contentou com uma vida pela metade?

Mais uma vez, usei o primeiro elemento do FATOR C.R.A.S.Y. — como fiz naquele sábado, depois do casamento da Paty — e falei para mim mesma:

— Cansei!!!

Eu precisava urgentemente encontrar caminhos para me libertar!

Comecei, então, a pesquisar não apenas sobre depressão pós-parto, saúde mental e psicologia feminina, mas sobre quais eram os padrões de pensamento que mais aprisionavam a mim e a tantas outras mulheres que estavam vivendo uma vida normal — cheia de estresse, frustrações, medos e ansiedades.

Sim. Eu precisava encontrar caminhos que me levassem a viver o melhor dos dois mundos. Um lugar no qual eu pudesse lutar como Rosa Parks e dançar como Shakira. Viver uma vida norte-americana e amar como uma latina. Estava na hora de, realmente, revolucionar minha mente, meu corpo, meu relacionamento e minha vida. Afinal, amava aquele homem, mas precisava também aprender a me amar! *Será que vou conseguir? Será que vou viver de novo um pesadelo ou vou conseguir realizar os meus sonhos?!*

Você não precisa estar casada com alguém de uma cultura tão diferente da sua para, assim como eu, pensar em desistir de algo. Pode ser do seu trabalho. Pode ser de um relacionamento. Pode ser de seus sonhos. Não importa o que seja. Se você está passando por um dos *desertos* de sua vida e a única coisa em que pensa é desistir no meio do caminho à sua Terra Prometida, pare um momento e pense: a coragem de que você precisa agora é, realmente, pegar suas malas e fugir?

Olha, às vezes precisamos mais de coragem para ficar do que para ir embora, sabia?

Eu decidi ficar.

Quando Billy nos buscou no aeroporto, não precisamos dizer nada um para o outro. Nos abraçamos e começamos a chorar. Ele falou baixinho em meu ouvido...

— Sinto muito por sua perda e obrigado por ter voltado. Eu estava com medo de que você não voltasse. Você sofreu uma das maiores perdas de sua vida, e não vou permitir que a gente perca nossa família. Vamos nos unir. Vamos aprender juntos. Tudo vai dar certo.

Naquele momento, senti um raio de esperança. Voltei para casa determinada a lutar por minha família e por meus sonhos. Mas com uma dor imensa pela perda do meu pai, não conseguia sair do lugar. Estava me sentindo cansada e triste. Então, depois de falar para Billy que achava que estava com algum problema, ele sugeriu que buscássemos ajuda profissional e começamos a fazer terapia juntos. Com muito esforço, consegui traduzir em palavras — e em inglês — o que estava sentindo. Com os olhos esperançosos por um milagre, escutei a seguinte frase da terapeuta:

— Você precisa começar agora um tratamento com antidepressivos, pois está passando por vários períodos de luto. Luto pelo seu pai, luto pelo seu corpo, luto pelo idioma, luto pelo seu país de origem, luto pela sua identidade antes de ser mãe...

A única coisa que conseguia pensar era: *Como assim minha tristeza é uma doença e eu preciso de remédio? Não tenho o direito de estar triste?*

Sei que a terapeuta estava tentando me ajudar, mas eu não conseguia acreditar que um remédio fosse capaz de curar a dor de perder meu amado pai e devolver a vida que eu tinha perdido ou preencher minha carência de afeto. Assim que olhei para Billy em uma tentativa frustrada de pedir ajuda, ele disse:

— Por que não toma o remédio por alguns meses e depois, se não se sentir melhor, você para?

Naquele momento, senti a presença amada e forte de meu pai me abraçando e dizendo sua famosa frase bem baixinho: "Você é forte, Cristianinha, fui eu que te fiz!".

Até hoje, não consigo entender o que senti naquela terapia ao lembrar da última vez que estive abraçada com meu herói e ele disse isso. Sei apenas que senti um poder vindo de dentro de mim, que me fez levantar do sofá da terapia e falar:

— O quê?! Vocês estão realmente chamando a minha tristeza de doença?! Em que essas pílulas vão me ajudar? Elas vão trazer o meu pai de volta ou anestesiar a dor da minha perda? Elas vão fazer eu sentir o calor do abraço e do afeto do meu marido, de que eu tanto sinto falta, ou amortecer meu desejo de senti-lo? Vão resgatar minha identidade ou fazer eu me acostumar com a perda da mulher que deixei ser roubada de mim? Esse remédio vai fazer eu ser mais independente de amor ou fazer eu me tornar dependente de pílulas?

Depois de chorar alto, consegui me acalmar, e falei:

— Por que vocês não me dão seis meses para eu tentar melhorar de forma natural, sem remédios artificiais? Se não der certo, prometo começar a tomar o medicamento que vocês quiserem.

Billy concordou em esperar. A terapeuta disse que não concordava muito, mas que iria apoiar minha decisão e seguiria acompanhando meu caso e me dando todo o apoio de que precisava.

Não sou contra medicações. Cada caso é um caso. Precisamos saber a diferença entre tristeza e depressão, principalmente no início ou no meio de nossa caminhada rumo à Terra Prometida. Enquanto a tristeza é uma emoção humana, que sentimos naturalmente em determinadas situações que nos causam dor, a depressão é uma doença mental de longo tempo que afeta a saúde e a vida social do indivíduo. Mais do que causar angústia, ela incapacita. Percebi, naquela consulta, que estava passando pelo Deserto da Tristeza.

Sinto que, ultimamente, essa linha não está muito definida, o que faz com que muitas pessoas se sintam mal ou "doentes" em sua caminhada somente pelo fato de ficarem tristes. Acredito que o que precisamos curar não é a nossa tristeza, mas a dificuldade em senti-la e aprender com ela. Tristeza, assim como a inveja e a solidão, é um sentimento considerado "negativo", mas que carrega um potencial enorme de impactar a nossa vida de forma positiva quando aprendemos a lidar com ela.

Coloquei aspas na palavra "negativo" porque não gosto e não concordo com essa definição amplamente utilizada por muitos psicólogos e escritores de autoajuda. Fazer essa dicotomia entre pensamento negativo e positivo está criando uma guerra mental e fazendo muitas pessoas acreditarem que sentir tristeza, por exemplo, é algo errado ou uma doença altamente contagiosa, que necessita urgentemente de pílulas para ser curada.

Quantas vezes a tristeza que a rejeição trouxe me desafiou a descobrir o meu próprio valor?! E perdi as contas de quantas vezes a tristeza que a mágoa me trouxe me desafiou a expandir a minha capacidade de perdoar.

Passei muito tempo estudando a Psicologia do Positivismo e como isso poderia ajudar meus clientes — e a mim mesma — a "pensar mais positivo" para vencer os "pensamentos negativos". No início, quando o tema começou a dominar as livrarias, lembro que li tudo que podia sobre o assunto. E, olha, as leituras me ajudaram por um tempo! Se eu dependesse de controlar e transformar meus pensamentos "negativos" em "positivos" para liderar a minha vida, jamais chegaria à minha Terra Prometida!

Ter pensamentos considerados "negativos" não é algo errado. É uma função totalmente normal de nosso cérebro. Produzimos, em média, cerca de 12 mil a 60 mil pensamentos por dia, e 80% deles são "negativos"! Isso quer dizer que o cérebro produz mais pensamentos "negativos" — ou "protetores", como gosto de chamá-los — como um mecanismo de defesa, para nos ajudar a evitar possíveis perigos.

Uma das descobertas mais fantásticas das novas teorias psicológicas, e que infelizmente não existia na época em que estava sofrendo, é a Terapia de Aceitação e Compromisso (TAC), que, de uma forma resumida, explica que não são nossas emoções que controlam nosso comportamento, mas nossas ações!

Pergunte para uma pessoa disciplinada que acorda às cinco da manhã para fazer ginástica quantas vezes ela levantaria da cama se dependesse de suas emoções?

Por isso, tira da cabeça de uma vez por todas essa ilusão passada por muitos "especialistas", *coaches* e psicólogos — inclusive as que eu mesma passei em meus trabalhos anteriores (#Culpada!) — de que você tem total controle sobre seus pensamentos e emoções. Você pode tentar e ter algum sucesso, mas trata-se de algo instável e que pode te colocar em uma posição vulnerável. Até porque, lembre-se de que não temos cérebro de gatas, mas, sim, um cérebro que, para garantir a nossa sobrevivência, tornou-se especialista em pensar no pior para garantir o nosso melhor! Portanto, se você quer começar a se tornar líder e não prisioneira da sua mente, comece a se dar liberdade de AGIR, independentemente de como PENSAR ou SENTIR.

Você pode estar se sentindo nervosa e, mesmo assim, se dar a liberdade de falar.

Você pode estar se sentindo decepcionada e, mesmo assim, se dar a liberdade de sonhar.

Você pode estar se sentindo machucada e, mesmo assim, se dar a liberdade de amar.

Ou você pode estar se sentindo como eu estava, com vontade de fugir e desistir, mas decidir ficar e lutar! #MulherLíder

O QUARTO ELEMENTO DO FATOR C.R.A.S.Y.

Mesmo não tendo esse conhecimento naquela época, de uma forma intuitiva sabia que, se quisesse revolucionar a minha vida, eu não poderia depender dos pensamentos depressivos que dominavam o território da minha mente. E foi nesse momento que acabei descobrindo o quarto, e um dos mais importantes elementos do FATOR C.R.A.S.Y.: **seguir**.

Isso mesmo! Se eu quisesse conquistar a minha Terra Prometida, não precisaria perder o meu tempo tentando me sentir motivada, inspirada ou empoderada como achava. Eu precisava, sim, cometer a loucura de continuar seguindo o meu caminho, independentemente de como eu estava me sentindo! #CoisaDeDoida

Preciso dar um jeito de começar a sair desse meu iglu, mesmo querendo ficar em casa assistindo Oprah e enrolada no meu cobertor da Target!, pensei.

Foi então que decidi me inscrever em uma academia para fazer hidroginástica — no meio da manhã! Assim, juntaria duas coisas importantes: acabaria com a dor nas costas que desenvolvi depois de passar dois anos segurando a gostosura da minha filha no colo e, de quebra, conheceria pessoas novas.

Fiz isso. Como eu tinha toda aquela insegurança com o inglês, escolhi uma aula com um nome que me pareceu animado: "*Arthritis Aquatic Class*". Achei o nome tão legal que até pensei se eles tinham roupa de ginástica com a marca: "*AAC: Arthritis Aquatic Class — for women*".

Bom, cheguei ao banheiro da academia e tive que enfrentar um dos pesadelos de quem está acima do peso: colocar o maiô (preto, é claro) e rezar para ninguém notar o excesso de gordura que tentava pular da minha barriga. Assim que cheguei à piscina tentando enfiar os últimos fios de cabelo dentro da toquinha e respirar fundo para afundar ainda mais minha barriga para dentro, não entendi por que a mais nova da turma parecia ter oitenta anos:

Gente, que estranho. Será que entrei na porta errada e essa é a piscina conectada com o asilo?!

Todas foram muito simpáticas e me receberam com sorrisos, e até recebi dois abraços #Surpresa. A aula foi super-relaxante. O primeiro exercício foi apenas mover os dedos das mãos beeeeeeem devagar.

Ué, será que essa "arthritis" é um tipo Tai Chi na água?

No final da aula, as alunas vieram conversar comigo. Estavam curiosas para saber de onde eu era e o que estava fazendo em Fargo. E depois de me apresentar, uma delas me perguntou:

— Você também sofre de *arthritis*?

Hi?!! Como assim, "sofre de arthritis"? Tenho que sofrer para fazer essa aula? Foi tão relaxante... não sofri nada, achei até devagar demais!

Depois que descobri que "*arthritis*" significava "artrite", quis morrer! Amiga, eu tinha me inscrito para uma aula aquática para pessoas com artrite! #MicoDoAno

Antes de começar a me julgar ou rir de mim (tudo bem, vai, pode rir! Eu também riria), lembre-se de que quando vamos para a aula de inglês no Brasil, aprendemos coisas como "*The book is on the table*" (O livro está na mesa), e não "Artrite é uma inflamação que ocorre nas articulações do corpo". Não conseguia nem marcar hora para fazer as unhas de tanta vergonha do meu inglês, como ia saber o que significa *arthritis*?!

Contei a elas e caímos todas na risada. Elas me convidaram para fazer parte do *coffee club* (clube do café), momento em que se reuniam no vestiário da academia depois da aula e batiam papo.

Oba! O primeiro grupo das gringas em que fui aceita foi o da terceira idade! Mas tudo bem, é um começo, né?

Aquelas senhoras, apesar de serem três vezes mais velhas do que eu e, aparentemente, não terem nada em comum comigo — inclusive artrite (ufa!) — eram tão sábias e divertidas que me fizeram, pela primeira vez, sentir o calor de ser aceita e querida numa cidade tão fria. Fiquei fascinada por suas histórias heroicas de vida. Mulheres guerreiras que sobreviveram à depressão depois da Segunda Guerra Mundial; mulheres que dedicaram suas vidas sendo voluntárias em organizações para ajudar suas comunidades e, principalmente, mulheres que, assim como eu, sofreram para se adaptar ao frio intenso, mas conseguiram dar a volta por cima e escrever uma grande história de vida.

Duas senhoras chamaram muito minha atenção pela forma destemida de tomar café: apenas com uma toalha cobrindo seus quadris e expondo com orgulho seus peitos murchos e caídos. #Poderosas

Eu? Estava pressionada pelo pensamento prisioneiro da perfeição, me enrolando na toalha e tentando esconder meus "defeitos". Mas os peitos — corajosamente — à mostra daquelas mulheres me passavam a esperança de que, um dia, eu também iria me libertar dessa busca insana da perfeição e, assim como elas, teria coragem de balançar com orgulho meus peitos cansados e caídos como um símbolo da verdadeira liberdade. #MulheresLivres

Foi a primeira vez que me senti na "*Land of the free and home of the brave*" (Terra dos livres e casa dos corajosos).

Onde estão as outras mulheres livres e corajosas? Onde posso ler mais histórias heroicas sobre essas guerreiras? Por que os jornais e revistas não colocam essas heroínas, muitas vezes anônimas, nos holofotes e no tapete vermelho?

Mal sabia que aquela experiência e os questionamentos que fiz a mim mesma me levariam, anos depois, a desenvolver com Billy o livro e projeto educacional *Beautiful Women of North Dakota* (Mulheres heroínas das nossas vidas), no qual entrevistamos e colocamos no tapete vermelho mulheres guerreiras que, muitas vezes, passam despercebidas. Além de receber atenção da mídia e o livro ganhar um prêmio nacional, o projeto foi adaptado para escolas públicas como atividade extracurricular, dando oportunidade para as crianças entrevistarem e se inspirarem nas heroínas de suas vidas. E tudo começou no dia em que uma brasileira estava se sentindo perdida, cansada e inspirada por mulheres que tiravam o sutiã e mostravam com orgulho seus peitos caídos! #Guerreiras #ClubeDasCrazies

Por isso, se você olha alguma situação de sua vida e sente que fez a escolha errada, pense novamente! Aprendi, depois de cometer muitos erros, que quando nos sentimos completamente perdidas, e CANSADAS, estamos no caminho certo para encontrar novas trilhas.

Estava procurando uma única amiga e acabei encontrando heroínas! #Sortuda #Abençoada

AMIGAS®
BOOK CLUB

Agora é o momento de abrir o coração e deixar Deus agir. Use essas perguntas para compartilhar suas histórias, suas lutas e descobertas. Juntas vamos rir, chorar, orar e lembrar que somos filhas mimadas de um Pai que conhece cada detalhe da nossa caminhada.

1. O que revolução e leveza significam, juntas, para você?
2. Quais padrões você precisou quebrar para viver com mais autenticidade?
3. Em quais momentos você se sente mais livre no seu corpo e alma?

"Revesti-vos de força e dignidade;
sorri para o futuro sem medo."
PROVÉRBIOS 31:25

6.

MINHA PRIMEIRA *FRIEND*

"O homem vê o exterior,
porém o Senhor olha para
o coração."

1 SAMUEL 16:7

GRAÇAS A DEUS, A PRIMAVERA CHEGOU!

A neve começou a derreter nas ruas de Fargo. Além de ficar mais fácil de caminhar, a impressão é que a cidade começava a ganhar cores. Já era possível ver o colorido das plantas, as portas das casas e, claro, algumas flores que se arriscavam a aparecer.

Mesmo estando muito frio para o meu sangue brasileiro e #QuerendoCobertor, comecei a ter um pouco mais de coragem de sair de casa. Em um dia mais azul, coloquei minha Luiza no carrinho e fui caminhar pelo bairro pela primeira vez. Lembro, como se fosse hoje, da alegria de passear com ela: aquelas bochechas rosadas e os olhos castanhos de minha Luiza pareciam me agradecer por, enfim, ter saído de casa.

Durante a caminhada, vi uma mulher alta e magra andando com um carrinho de bebê também.

Oba! Ela também tem uma barriguinha de quem acabou de ter filho como eu! #NãoTôSozinha

Ela se aproximou de mim e disse, supersimpática:

— Você é nova aqui, né? Ouvi dizer que você é do Brasil. Meu nome é Trisha!

Sorri e disse que sim. E me surpreendi com a sua simpatia e esforço para se conectar comigo em espanhol!

— *Hola amiga, cómo estás?! Sorry.* Só sei essa frase em espanhol! — disse, rindo.

Ri com ela e começamos a conversar. Trisha foi superamigável e me convidou para caminhar no dia seguinte, mas sem filhos.

Obaa! Será que ela gosta de Starbucks?, pensei.

No dia seguinte, coloquei uma roupa e, claro, um trocadinho no bolso para, de repente, parar numa padaria ou *coffee shop* e tomar um cafezinho para batermos um papo.

Às nove da manhã do sábado, Trisha tocou minha campainha pontualmente e me esperou na porta, pronta para caminhar. Antes que eu pudesse pensar em alguma coisa, ela perguntou:

— Está pronta para a *power walk?* (caminhada poderosa)?

— *Power* o quê?

— Quer dizer caminhar o mais rápido que pudermos, com força total, para queimar bastante calorias!

Olha, que animada!, pensei.

Mas disse apenas:

— *Let's go!*

Ela segurava um pesinho em cada mão e bufava a cada pisada que dava. O que eu fiz? Bufei junto e continuei nessa tal de caminhada. Não conseguia falar, apenas bufar! #ForaDeForma

Pera aí, gente! Será que essa mulher está tirando com a minha cara? Não estou precisando de *power walk*, preciso de uma amiga! Preciso conversar! Dar risada. Desse jeito não dá nem para apreciar a caminhada, reparar na casa dos outros vizinhos e iniciar uma conversinha básica! O que aconteceu com aquela caminhada que você só bate papo o caminho todo e termina na padaria comendo pão de queijo e carolina com recheio de doce de leite?!

E Trisha continuou, dizendo:

— *Push... remember: no pain, no gain!* (Força! Lembre-se: sem dor, sem ganho!)

Essa gringa está falando isso, pois está me achando preguiçosa?! Essa frase é tipo um slogan de motivação que já vi em academias americanas e em camisetas — "No pain, no gain!" *(Sem dor, sem ganho!). Amiga, cadê a minha camiseta* "No passion, no gain!"*? (Sem paixão, sem ganho!)*

Ai, ai, ai... me deu vontade de soltar um pum! Mas vou segurar até morrer. Até porque, não tem ninguém por perto para colocar a culpa e dar uma de "peidorreira-à-paisana", e não quero que ela me veja como uma brasileira preguiçosa e peidorreira! É a primeira amiga que consigo nesses dois anos!

Nãooooo. Vou reprimir até sair pela orelha!

Apesar de minha primeira caminhada com a Trisha ser "*power*" demais para mim, ela acabou me convidando para tomar um café na semana seguinte!

Ufa! Tudo saiu bem! Nos encontramos num café bem charmoso no centro da cidade, chamado Babs, onde tomei um dos melhores cafés da minha vida! E para um brasileiro falar isso tem que ser muito bom mesmo, né?

Demorou um bom tempo para ela se abrir e sair daquele papo artificial do tipo: "Nossa, o tempo está lindo hoje, né?". #Preguiça

Mas Trisha acabou confessando a curiosidade de me conhecer e o que pensava de mim:

— Quando você se mudou para minha rua, logo pensei: *Minha vizinha é uma mulher exótica, brasileira!* Eu me senti insegura com isso, pois imaginei que você fosse como aquelas latinas de filmes, que cuidam da casa com lingerie *sexy* e recebem o marido com beijos calorosos e um drink na mão. Enquanto eu, a americana tapada aqui, fica de pijama com camiseta de eleição assistindo à televisão! Fala a verdade. Vocês brasileiras são todas *sexies* assim e têm relacionamentos *calientes*?

Caí na gargalhada! A honestidade de Trisha, atípica para aquela cultura, fez meu coração sorrir e se sentir aquecido como não se sentia há muito tempo.

Lingerie sexy e beijos calorosos todos os dias?! Oi?

Falei para Trisha que também me sentia insegura, principalmente depois da gravidez. Ainda mais com o estresse de cuidar de uma criança pequena e estar quase trinta quilos acima do meu peso.

— A TV também tem sido minha companheira! E a parte mais *sexy* da minha semana é ir à Target! — disse a ela.

Ela gargalhando disse que essa também era a dela!

Naquele momento, percebemos que apesar das diferenças, tínhamos muitas coisas em comum, e daquele dia em diante, nossa amizade cresceu. Passamos a caminhar juntas todas as semanas.

Até que, certo dia, ela me convidou para ir à sua casa. Nos Estados Unidos, como já comentei, não é nada comum, como no Brasil, que visitemos os amigos sem avisar.

Fui, claro! Era meu primeiro convite desse tipo em dois anos!

Conversa vai, conversa vem, Trisha me convidou para ir a uma academia perto de nossa casa.

— Você vai adorar! Vamos nos ajudar e ser *workout-buddies* (parceiras de academia)!

Contei para ela sobre minha experiência com a *Arthritis Aquatic Class* e caímos na gargalhada. Depois de umas boas risadas, Trisha mudou de assunto e, sussurrando para ninguém ouvir, perguntou:

— Você já fez essa tal de *brazilian wax*?

Para o desespero da Trisha, que estava envergonhada só de perguntar, respondi em alto e bom som:

— Claro que faço *brazilian wax*. Adoro! Me sinto mais limpa, sabe? Mas eu gosto de deixar uns pelinhos na parte da frente.

Minha nova *friend* gringa, que é branquinha, se transformou no Incrível Hulk vermelho e começou a rir sem parar.

— *Shhhhh*.... Fala baixo, Cris!!! Você é doida! Fala alto como se fosse algo normal.

— Ué, mas não é? Aqui não é normal a mulher se depilar frente e verso?

— Não sei sobre as outras mulheres, mas eu nunca fiz depilação com cera na minha vida. Morro de medo!

Minha mente brasileira, que cresceu ao redor de mulheres que batem cartão na depilação, ficou pasma com o fato de ela nunca ter feito uma! Perguntei como ela fazia quando usava biquíni.

Ela me falou que dava uma "limpadinha" dos lados com gilete e ia à luta.

— E na intimidade com seu marido? Você não liga de ter uma floresta particular embaixo da calcinha?

Trisha riu e disse que vontade não faltava. O que faltava era coragem mesmo.

— Vou te levar para sua primeira experiência... Topa?

E lá fomos nós....

No meio do caminho da depilação, Trisha, tensa, perguntou:

— Vai doer muito? Tem alguma anestesia local?

— *My* amiga, relaxa. Não estou te levando ao hospital, e só uma depilação. Confia em mim!

Após exatamente dezessete minutos ansiosa esperando Trisha, ela saiu da sala com o andar apressado, as bochechas vermelhas e murmurando alguma coisa que não consegui entender.

— E aí, como foi?

— Não sei como você aguenta passar por isso toda vez que quer usar biquíni ou ficar íntima com o seu marido. É melhor meu marido se acostumar com uma floresta amazônica embaixo da minha calcinha, viu? Nunca mais vou passar por isso!

Depois de uns dois meses, recebo uma ligação de Trisha me pedindo o telefone da depiladora e falando algo que morri de rir:

— Amiga, está na hora de cortar umas árvores bem cheias e peludas! Mesmo não gostando daquela sensação da depilação, não posso negar que eu e o meu marido adoramos uma floresta desmatada!

Depois daquele telefonema, senti que encontrei na Trisha a minha tão desejada amiga (*Yes,* Starbucks!). E aprendi o poder que existe quando aplicamos o quarto elemento do FATOR C.R.A.S.Y. e decidimos SEGUIR a nossa caminhada, independentemente de como nos sentimos ou de como está o clima!

Decidi abrir a porta da minha casa, mesmo querendo ficar trancada. E, sem querer, num dia ordinário, conheci uma pessoa extraordinária! Você já pensou que em um simples passeio pelo bairro pode esbarrar com alguém que pode mudar seu destino? É verdade. Isso acontece — e não apenas nos filmes. Mas, para isso, precisamos ter coragem de sair do conforto de nossas gaiolas!

#ObrigadaTrisha #MyBFF #MyStarbucksFriend

AMIGAS®

BOOK CLUB

Agora é o momento de abrir o coração e deixar Deus agir. Use essas perguntas para compartilhar suas histórias, suas lutas e descobertas. Juntas vamos rir, chorar, orar e lembrar que somos filhas mimadas de um Pai que conhece cada detalhe da nossa caminhada.

1. Qual amizade te resgatou em um momento difícil da sua vida?
2. O que significa encontrar alguém que nos veja além dos nossos erros?
3. Você consegue se abrir de verdade para novos vínculos?

"O homem vê o exterior, porém o Senhor olha para o coração."

1 SAMUEL 16:7

7.

OLÁ, *WONDER WOMAN!*

"A minha graça te basta, porque o meu poder se aperfeiçoa na fraqueza."

2 CORÍNTIOS 12:9

EM UMA DAS MANHÃS, COMBINEI DE ME ENCONTRAR COM A Trisha na academia. O frio já estava mais brando com a chegada da primavera, mas eu precisei contar até 30 para sair do carro e encarar a ginástica.

A primeira coisa que fiz foi entrar na academia e ir ao vestiário. Olhei-me no espelho, quase com pena de mim mesma.

Acho que sou a única mulher da face da Terra que teve filho há mais de um ano e ainda parece grávida, pensei.

Ao me virar, dou de cara com uma mulher de cabelo preto volumoso, linda — e sarada —, parecida com a atriz Lynda Carter no episódio da Mulher-Maravilha. Apesar de ter tido filho há pouco tempo, eu sempre a via pela academia malhando com tanta determinação como se estivesse se preparando para uma missão secreta. Ela não sorriu, como de costume, e pude perceber que seus olhos estavam molhados.

— Tudo bem com você? Meu nome é Cris — disse, sem jeito.

— Oi, Cris, prazer! Sou a Kim.

Ela se sentou no banco do vestiário e de uma forma inesperada, começou a se abrir como se me conhecesse há muito tempo:

— Sabe, hoje é o primeiro dia da creche do meu filho. Ele tem apenas seis semanas, e tive que voltar a trabalhar. Eu estou muito preocupada. Eles não vão entender meu bebê como eu entendo. Ele gosta que segurem a mãozinha dele enquanto trocam a fralda, sabe? E tem uma chupeta preferida.

— Mas por que você já teve que colocar seu filho na creche? E sua licença-maternidade?

— Fiquei seis semanas sem salário para poder ficar em casa cuidando do meu bebê, mas não posso ficar mais tempo sem receber. Meu marido não consegue arcar com as despesas da casa sozinho, e eu preciso voltar a trabalhar imediatamente.

Eu não sabia o que dizer. As lágrimas escorriam sem parar do rosto de Kim. Aquela mulher que até quinze minutos atrás parecia uma super-heroína *undercover* (em missão secreta), agora me lembrava tanto eu mesma. A maquiagem borrada, o desespero no olhar... Aproximei-me dela e a única coisa que consegui fazer foi abraçá-la.

Nos Estados Unidos, não existe obrigatoriedade de oferecer a licença-maternidade remunerada. São poucas empresas com essa prática. Nas demais, é preciso voltar ao trabalho, às vezes, em menos de duas semanas. Um absurdo! No Brasil, pelo menos, temos esse direito (tenho orgulho dessa lei!). As empresas são obrigadas a fornecer licença entre quatro e seis meses. (Porém, sei que muitas ainda têm receio de engravidar, pois o mercado pode ser cruel na volta ao trabalho. #PrecisamosMudar)

Ao ver a Kim chorar na minha frente, uma mulher que ela acabava de conhecer, eu senti no meu coração o desespero e a dor que ela deveria estar sentindo. E, naquele momento, eu não consegui entender como as mulheres americanas como ela, que sempre vi como heroínas e que inspiraram o mundo a lutar por seus direitos, conseguiam ficar caladas diante dessa situação! E foi então que lembrei a primeira vez que conheci mais a fundo a história da mulher americana, e como isso influenciou minha vida...

No primeiro ano da faculdade de psicologia, não sabia em que área queria me especializar e o que iria fazer depois de me formar. Até que um dia assisti a uma aula que determinou a direção da minha vida.

A aula era sobre Movimento Feminista e eu, particularmente, me inspirei com a história de algumas mulheres americanas que uniram forças para protestar nas ruas no episódio conhecido como "*Bra burning*" ou "A queima dos sutiãs". Sei que você já ouviu muito sobre isso.

Mesmo sabendo, hoje, que a "queima" propriamente dita nunca aconteceu porque não houve permissão, aquelas gringas doidas se tornaram minhas heroínas! Elas me inspiraram com a audácia que tiveram de fazer uma fogueira como símbolo da queima daquilo que não estava contribuindo com os direitos e os valores das mulheres. *#YouGoGirls!*

Quanto mais estudava o universo feminino, mais ficava fascinada em compreender a psicologia e o potencial da mulher. Assim, no último ano da faculdade de psicologia, decidi focar minha carreira e minha missão no empoderamento feminino, palavra que naquela época não existia no vocabulário brasileiro, mas que já era muito utilizada nos Estados Unidos.

Eu sempre imaginava a mulher americana como o arquétipo da *Wonder Woman* (Mulher-Maravilha), aquela mulher livre e poderosa — que está sempre com pressa para salvar o mundo — carregando sua cartela de pílulas na bolsa, celular em uma das mãos e café do Starbucks na outra.

A primeira coisa que notei morando lá é que a *Wonder Woman* americana, como a Kim, assim como as Mulheres-Maravilhas brasileiras, não estão se sentindo maravilhosas, mas sim vivendo uma vida com mais pressão e estresse e muito menos prazer, paixão, paz e propósito. Sim. É isso mesmo. Não estamos sozinhas nessa luta!

Sou muito grata pelos esforços feitos pelas guerreiras que vieram antes de mim e lutaram pelos meus direitos. Mas, por conta de minha experiência trabalhando na área de empoderamento feminino e vendo a epidemia de estresse e ansiedade que estamos vivendo, passei a questionar:

O que mais simbolicamente "queimamos" na fogueira na luta por emancipação e direitos? Será que queimamos a nossa paz, o nosso prazer, e a nossa sanidade também?!

Ao contrário da Kim, eu tive a oportunidade e liberdade financeira de escolher ser "*stay at home mom*" e ficar em casa com a minha Luiza. Mas deixei que a minha autocrítica e a pressão social para "voltar" — o mais rápido possível! — a ser aquela mulher trabalhadora, livre e independente (e ainda por cima sarada!) "queimassem" parte do meu prazer de ser mãe. Eu não conseguia sequer me sentar tranquilamente e amamentar a minha filha em paz. Era como se tivesse um faraó opressor dentro de mim, dizendo:

Vai ficar aí parada e presa amamentando? Levanta, vai emagrecer, malhar e voltar a trabalhar! Mostra para o mundo que você continua a mesma mulher poderosa que era antes de ficar quase três meses sem dormir, com cheiro de arroto de bebê no cabelo e com bafo de quem não tem tempo nem para escovar os dentes!

Naquela época, a minha definição de "prisão" estava deturpada por uma cultura que não me ensinou a valorizar e apreciar minhas qualidades femininas, como a capacidade de cuidar e nutrir, e a sensibilidade de amar. Aprendi a valorizar um corpo sarado, mas não sabia valorizar o corpo cansado de uma mulher que estava passando por um dos maiores milagres da vida. Não sabia apreciar, em mim, uma das maiores forças femininas: o poder de gerar vida.

Em vez de usar aquele momento para curtir o bebê lindo com o qual eu tanto sonhei, eu deixava de enxergar o milagre que estava em minhas mãos para notar a gordura na minha barriga e os meus trinta quilos de gostosura! Ainda bem que naquela época eu não tinha que olhar para a vida perfeita das pessoas nas redes sociais... Porque não existia Instagram.

Então, sem perceber, permiti que o meu perfeccionismo e as mensagens subliminares que recebia para urgentemente "voltar" a ser a mulher "normal", independente, sarada e poderosa que "temos" que ser roubassem o prazer de ser a mulher que eu podia ser — uma mãe cansada, com a barriga e o peito inchados, com cheiro fedido de arroto no cabelo e muito abençoada!

Não foi à toa que sofri de depressão pós-parto! Hoje não sei se foi apenas depressão pós-parto ou depressão pós-pressão. Será que se eu não tivesse colocado tanta pressão social em mim, teria ficado tão deprimida como fiquei?

Talvez você não queira gerar um filho, mas vai gerar projetos e sonhos lindos em sua vida. E, se não tomar cuidado, pode cometer o erro que cometi: não se dar a liberdade de curtir os frutos da vitória. Não deixe a pressa, os pensamentos opressores e as cobranças sociais roubarem o prazer de curtir cada uma de suas conquistas, por menores que sejam. Quantas mulheres com quem trabalhei como terapeuta, apesar de terem uma lista de vitórias, sentiam-se fracassadas e viviam com a sensação de que sempre podiam fazer "mais"?

Conquistar mais.

Trabalhar mais.

Malhar mais.

E nessa ânsia de conquistar SEMPRE MAIS, elas se sentiam muito MENOS!

MULHERES-MARAVILHAS NÃO SE SENTEM MARAVILHOSAS?

Uma das explicações dessa crise de estresse e ansiedade que tentou sabotar a beleza da maternidade em minha vida e está atualmente sequestrando a paz e o prazer de tantas mulheres no mundo é o que muitos psicólogos chamam de "Complexo da Mulher-Maravilha". O autor Emídio Brasileiro explica bem isso no livro *A outra face do sexo* (AB Editora):

> O complexo de Mulher-Maravilha consiste no papel que a mulher dos tempos atuais assumiu ao colocar sob sua responsabilidade as funções masculinas sem deixar de exercer as femininas, sobrecarregando-a excessivamente... O resultado tem sido um alto nível de estresse e doenças cardíacas, bem como outras mais comuns nos homens, mas agravadas pelo excesso de trabalho e preocupações...

Às vezes, tenho a sensação de que não só estamos tentando fazer o papel de Mulher-Maravilha, mas de Super-Homem também! Na tentativa de querer salvar o mundo, limpar a casa e lembrar de marcar a data da próxima progressiva, acabamos no final do dia nos cobrando tanto que, sem perceber, nos tornamos nossas próprias kriptonitas — aquele mineral que tem o efeito de enfraquecer o Superman e a Supergirl, lembra? Com perfeccionismo, ansiedade e preocupações, destruímos toda a nossa energia!

Outras teorias dizem que um dos fatores que tem levado muitas mulheres ao estresse e à insatisfação é o movimento feminista. Calma. Vou explicar. De acordo com essas teorias, na luta para conquistar o espaço no mundo dos negócios, da economia e da política, fomos inspiradas a copiar um modelo masculino de conquista e, com isso, acabamos passando por cima de nossa natureza feminina.

Eu, particularmente, não culpo o movimento feminista ou nenhum outro movimento social ou político por nossas escolhas pessoais. Isso porque ele não surgiu para as mulheres conquistarem a paz, o prazer e a felicidade pessoal, mas, sim, para conquistarem oportunidades, igualdade e justiça. Se hoje tenho a liberdade de expressar as minhas ideias neste livro, isso se deve às pessoas, mulheres e homens, que lutaram no passado por esse direito — assim como tantos outros.

Mas acredito, sim, que estamos numa época em que devemos iniciar uma nova revolução das mulheres. Mas, dessa vez, devemos lutar não apenas para conquistar poder, mas para alcançar paz e prazer; não apenas lutar por direitos iguais, mas reconhecer o valor em sermos diferentes.

A autora americana Jill Filipovic, em seu recente livro *The H-Spot — The feminist Pursuit of Happiness* (*O ponto H — o feminismo e a procura da felicidade*, não publicado no Brasil), provoca: *"Agora está na hora de decidirmos se o prazer feminino não é uma indulgência ou um privilégio, mas uma necessidade social — e que a mulher merece muito mais do que igualdade"*. E pensando nisso, várias vezes eu já me questionei:

Como seriam nossas lutas sociais se todas as mulheres do mundo incluíssem em suas listas de conquistas a valorização do feminino e a busca da paz e do prazer?

Será que aceitaríamos uma carga horária de trabalho de oito a dez horas ou lutaríamos para ter mais tempo para cuidar de nossa saúde, filhos e sanidade mental?

Será que negociaríamos férias não apenas para relaxar, mas também para engravidar? E, assim, diminuir o número de mulheres que, infelizmente, estão sofrendo de infertilidade porque não conseguiram parar a tempo com a correria da máquina corporativa?

E será que países como os EUA, que se proclamam uma nação que valoriza a liberdade, a família e a justiça, declarariam direito à licença-maternidade obrigatória e dariam aos pais e às mães como a Kim, a tranquilidade — e a liberdade — de saber que contam com suporte financeiro adequado para cuidar de seus filhos no momento mais crucial de suas vidas?

Não tenho a intenção de neste livro falar sobre política ou me aprofundar no estudo do feminismo, mas sim de trazer alguns questionamentos que considero fundamentais para todas as mulheres que querem começar a se libertar de suas prisões mentais e sociais. E para isso realmente começar a acontecer, acredito que temos que, primeiro, compreender a diferença.

Com a síndrome da Mulher-Maravilha — que nos "inspira" a querer salvar a todos e nos responsabilizar por tudo —, temos a tendência de acreditar que precisamos de terapia quando nos estressamos, quando, na verdade, na maioria das vezes, estamos confundindo uma crise existencial com a necessidade de iniciarmos um movimento social!

Às vezes, o fato de você se sentir sempre estressada não significa que haja algo de errado com sua mente, mas que, talvez, tenha algo de errado com as exigências desumanas da sua agenda ou com a cultura insana do seu trabalho. Entende?

No caso da Kim, sua tristeza e desespero pós-parto não estavam sendo causados por um problema psicológico, mas social. Infelizmente, ela vive em uma das maiores democracias do mundo, mas que escolhe não apoiar a maternidade e a família como eles podem — e urgentemente precisam! Mas, se eu perguntasse para ela, tenho quase certeza de que ela iria me dizer que quem tinha algum problema psicológico ou disfunção hormonal era ela! #Really?

No livro *Midlife Crisis at 30* (Crise de meia-idade aos 30, não publicado no Brasil), as jornalistas Lia Macko e Kerry Rubin descrevem muito bem essa tendência que nós mulheres temos de acreditar que o nosso problema é pessoal, quando, na verdade, é social:

> Criadas para sermos autossuficientes, nos tornamos praticamente uma geração de fazedoras — mulheres que se orgulham em resolver problemas por si mesmas. Mas o outro lado desse espírito indepen-

dente é que, quando as coisas saem errado, temos a tendência de nos culpar. Por essa razão, está se manifestando em nossa cultura uma série de indivíduos em crise existencial em vez de um movimento social.

Por isso, acredito que precisamos — URGENTEMENTE — sair dessa correria frenética de tentar ser a Mulher-Maravilha, autossuficiente o tempo todo, e começar a rever nossas escolhas, valores e lutas. Para, assim, pararmos com essa INSANIDADE de acreditar que somos responsáveis por tudo que nos acontece e começarmos a distinguir o que precisamos MUDAR em nossas vidas e pelo que precisamos LUTAR para conquistar no mundo!! #VamosJuntas

Eu não sei como você está em sua vida, mas se sofre da síndrome da super-heroína, permita-se aposentar suas botas pesadas e coloque seus pés descalços na grama macia. E em vez de sempre querer ser a Mulher-Maravilha, comece, hoje, a valorizar a maravilha de ser mulher!

AMIGAS®
BOOK CLUB

Agora é o momento de abrir o coração e deixar Deus agir. Use essas perguntas para compartilhar suas histórias, suas lutas e descobertas. Juntas vamos rir, chorar, orar e lembrar que somos filhas mimadas de um Pai que conhece cada detalhe da nossa caminhada.

1. Em que momentos você sente que precisa ser "mulher-maravilha" mesmo sem querer?
2. O que você aprendeu ao aceitar suas vulnerabilidades?
3. Como se libertar da necessidade de perfeição?

"A minha graça te basta, porque o meu poder se aperfeiçoa na fraqueza."
2 CORÍNTIOS 12:9

Faça parte do **Amigas Book Club®** e tenha acesso a entrevistas exclusivas com a autora, incluindo insights e inspiração para aplicar na sua vida... e de suas amigas!
https://amigasclub.com

8.

OS IRMÃOS COEN, FARGO E EU

"Sabemos que todas as coisas cooperam
para o bem daqueles que amam a Deus."
ROMANOS 8:28

EM UMA DE MINHAS CAMINHADAS COM MINHA BFF, QUANDO começamos a falar novamente sobre nossos relacionamentos, Trisha me perguntou:

— O que te trazia muito prazer no Brasil que você sente falta?

A primeira resposta foi: "Dançar!".

— Mas depois que me mudei para Fargo, a dança se tornou presente apenas em shows de televisão, a que eu me sento e assisto como uma mera espectadora.

Poxa, sentia tanto prazer em dançar que não acreditava que tinha deixado essa paixão de lado. Mal lembrava da última vez em que havia dançado. Formei-me como bailarina profissional e dançava não apenas semanalmente nas apresentações de *Divas no Divã*, como também na casa da minha tia, na vizinha e nas baladas divertidas com as amigas.

Como deixei isso se perder em minha vida? Fazia parte de minha rotina!

Nessa busca por trazer o melhor dos dois mundos, comecei a dançar sozinha em casa. Colocava minha filha no carrinho, ligava o som com músicas que me inspiravam e deixava meu corpo livre para expressar todos os meus sentimentos: alegria, esperança, tristeza... Lembro que a Luiza dava aquelas gargalhadas gostosas de bebê e balançava os bracinhos para cima e para baixo como se estivesse dançando comigo. #AmorMaiorDoMundo

Passei a usar aquele momento não apenas para dar voz ao meu corpo, mas para começar a sonhar novamente e a visualizar a mulher que eu verdadeiramente era e deixei ser roubada de mim. Ficava observando meus pensamentos e, ao final de minha sessão particular de dança, escrevia o que tinha pensado e sentido. Sem perceber, aquele momento de utilizar a dança para libertar meu corpo, meus sonhos e minha verdadeira identidade se tornou minha terapia preferida! Mal sabia, naquele momento, que estava desenvolvendo o que se tornou uma espécie de dança-terapia chamada *Amigas Dance Therapy*, que influenciou a vida de muitas outras mulheres ao redor do mundo. O nome surgiu quando estava escrevendo a comédia *Divas no Divã*, e descobri que a definição de Diva não é mulher metida como muitos pensam, mas *natureza divina*. Assim, essa terapia começou a me empoderar e a expressar qualidades divinas que estavam aprisionadas dentro de mim.

Eu já estava me sentindo melhor depois que comecei a andar com Trisha e mudei minha alimentação, tirando o filho da mãe do glúten da minha dieta e comendo de maneira mais saudável. Mas algo mais tinha mudado — e dessa vez, para melhor. Com as transformações que percebia em meu corpo por meio do *Amigas Dance Therapy*, passei a me sentir bem comigo mesma e mais atraída pelo Billy.

O que estava acontecendo comigo? Por que comecei a me sentir mais animada e mais próxima do meu marido?

Foi então que descobri que, ao dançar, além de liberar serotonina e endorfina, eu estava liberando um hormônio chamado ocitocina. Já ouviu falar? Ele é produzido no hipotálamo, apenas pelos mamíferos, e é conhecido como o "hormônio do amor", porque costuma ser liberado quando estamos próximos de nossos parceiros. E, com o aumento da sua liberação, os níveis de hormônio do estresse, como o cortisol, diminuem no organismo, aumentando a sensação de prazer, bem-estar, libido, e o sentimento de confiança e fidelidade entre casais.

Eu sabia que a ocitocina era o hormônio que fazia o útero contrair no final da gravidez para o bebê nascer, e era liberado na amamentação para estreitar o vínculo afetivo entre mãe e filho, mas não tinha noção de todos esses benefícios que citei, nem que ele tinha a capacidade também de nos deixar mais generosos, mais confiantes, mais amáveis, mais conectados... e muito mais apaixonados! #AgoraTáExplicado

Gente!!! Eu e o Billy precisamos tomar essa tal de ocitocina de canudinho em todo café da manhã! Onde eu encontro isso?

E foi então que minha curiosidade me levou a investigar formas naturais para liberar mais esse "hormônio do amor" — ou, como Paul Zack (neurocientista e um dos maiores pesquisadores nessa área hoje em dia) chama: "a molécula da moralidade." E descobri que a ocitocina pode ser liberada não apenas por meio da amamentação, mas também pelo toque, pelo abraço, pelo beijo, pela prática de boas ações, por exercícios como o canto, a dança e até mesmo por meio da prática da oração!

Decidi, então, que contaria ao Billy o que estava descobrindo sobre essa tal de ocitocina, que a ideia, com isso, era melhorar a minha saúde e sair da minha depressão pós-parto, mas que tinha lido que ela poderia, também, ajudar o nosso relacionamento! Perguntei se ele topava ser cobaia junto comigo em uma pesquisa pessoal: testar algumas dessas formas naturais para liberar o "hormônio do amor" — muitas delas, aliás, já faziam parte da minha cultura.

Ele ficou curioso, empolgado, e topou imediatamente! Disse que gostou da ideia de conscientemente priorizar, na nossa relação, formas de liberar mais ocitocina e resgatar o toque, o beijo e as palavras de incentivos. Mas foi enfático ao dizer que não dançaria.

— Não danço bem! Morro de vergonha! Eu te assisto e bato palma, mas, por favor, não me peça para dançar com você.

Mesmo não gostando dessa parte da resposta, resolvi deixar isso de lado.

Ai, mas vou confessar! Sempre sonhei — desde pequena — em ser aquele casal de velhinhos na festa de casamento dos filhos que dançam juntos até a festa acabar, sabe?

— Bom, quem sabe um dia eu aprendo a dançar — ele falou me abraçando depois de perceber minha cara de decepcionada.

Depois dessa conversa, Billy começou a sentar mais próximo de mim no sofá, à noite, enquanto assistíamos à televisão, e a fazer algo, que não aprendeu ao crescer nos Estados Unidos, para liberar mais ocitocina: carinho. Com o tempo, toda vez que eu não estava coladinha nele, ele percebia e me chamava, dizendo com seu #SotaqueFofo:

— Saudades, *my love*, vem fazer carinho.

Ele ainda não me beijava em público, mas passou a pegar mais na minha mão, me abraçar e a fazer carinho nas costas.

As coisas, enfim, começaram a melhorar. Decidimos fazer semanalmente um *date night*, e até encontramos tempo para viajar de final de semana sozinhos, principalmente quando minha mãe vinha nos visitar e ficava um mês me ajudando com a Luiza. No início, a parte da minha mãe foi difícil para Billy, que veio de uma cultura familiar em que sogra só passa para visitar, não dorme. Mas, depois, ele conseguiu enxergar as vantagens de ter uma tribo para cuidar dos filhos, como ter mais tempo sozinho comigo! #ObrigadaMãe

POR QUE "FARGO"?

Em uma de nossas rápidas escapadas para Minneapolis, a maior cidade perto de Fargo, Billy me levou em um de seus restaurantes preferidos: Lucias.

Era um lugar pequeno e charmoso que lembrava o restaurante francês em que nos encontramos pela primeira vez para jantar em Los Angeles. Depois de lembrarmos com carinho e saudade daquela época louca e gostosa das nossas vidas, olhei para o lado de nossa mesa e vi uma figura familiar:

Será que ele estudou comigo no colegial? Não, não pode ser!

Olhei de novo. E de novo. Até que reconheci aquele homem ruivo com cara de intelectual e de quem a gente quer imediatamente sentar ao lado numa prova de Física.

— É um dos irmãos Coen, aqueles diretores do filme *Fargo*, não é? O Ethan Coen! — disse a Billy enquanto, mentalmente, dizia a mim mesma:

Sabia que um dia iria encontrá-los para dar uma bronca por terem escolhido esse nome para o filme.

Sem pensar duas vezes, levantei e fui direto falar com ele.

Billy mal respondeu à minha pergunta. Ficou lá, paralisado como um fã fanático e não conseguiu falar nada — muito menos me segurar.

— Boa noite, tudo bem com você, Ethan? Meu nome é Cristiane e eu gostaria de falar algo que sempre tive vontade.

Surpreso, ele acenou que sim com a cabeça.

Prossegui:

— Sou do Brasil e me casei com um homem de Fargo, onde moro hoje. Por causa do nome de seu filme, todo mundo tira sarro de mim!

Surpreso com a minha atitude, ele respondeu:

— Sabe o engraçado de tudo isso? Quase nenhuma das cenas do filme foram realmente gravadas em Fargo. A gente ia para Fargo apenas para as refeições, já que há tantos restaurantes bons por lá.

E calmamente continuou:

— Mas a culpa de as pessoas caçoarem de você não é minha — disse Ethan enquanto olhava para Billy. — Você tem que culpar seu marido por ter levado uma brasileira para morar em Fargo!

Começamos a rir e Ethan ainda perguntou se Billy e eu queríamos sentar e continuar a conversar com ele. Como já estávamos indo embora, agradecemos o convite. Quer dizer, eu agradeci o convite, pois Billy não conseguiu falar nada de tão nervoso que estava! #CoenFanClub

Ele só conseguiu recuperar a voz quando saímos do restaurante:

— Cris, você é doida de ter ido falar com ele assim?!

— Se eu não fosse *crazy*, nem aqui com você eu estaria — respondi, rindo.

Continuamos rindo como duas crianças, com a certeza de que essa história iria para a enciclopédia de nossa família. Um dia, nossos netos vão falar sobre a "louca da nossa avó brasileira que foi dar uma bronca em um dos irmãos Coen!".

Ah, como é bom rechear a vida de momentos prazerosos. Eu tinha esquecido dessa sensação.

PASSION ROOM

Depois dessa noite especial e surpreendente, voltamos para o quarto de hotel e continuamos rindo e conversando como não fazíamos há tempos. Essa *date night*, em que tivemos a oportunidade de fugir da nossa rotina, jogar papo fora, e olhar mais a fundo dentro de nossos olhos, fez-me perceber o quanto tínhamos nos distanciado, mesmo morando na mesma casa! #ComoPode?!

Ai, que saudade eu estava desses olhos azuis lindos do Billy, que muitas vezes, por focar em tantas outras coisas, eu esqueço de olhar!, pensei. E foi então que, para não correr o risco de cair na rotina novamente, eu tive a ideia de trazer esse momento sagrado e apaixonado para dentro da minha própria casa, e criar um *Passion Room*.

Sugeri de fazermos o nosso *Passion Room* uma vez por mês. Lógico que não foi difícil convencê-lo, né?

— *Yes, I'm in!* (Sim, eu tô dentro!)

Assim, passamos a criar a nossa própria *date night*. Uma hora, alugávamos um quarto de hotel por uma noite ou eu decorava o quarto da nossa casa para criar um clima bem romântico, com luz de vela, um aroma gostoso no ar...

E, sem perceber, começamos a fazer nosso *Passion Room* com uma frequência mensal (por vezes até semanal). Um momento romântico e sagrado, em que nos permitíamos deixar de lado a rotina do dia a dia e a praticar várias formas de aumentar a molécula da paixão em nossa vida a dois. Um momento em que olhávamos nos olhos um do outro e, juntos, nos dávamos a liberdade de tocar, abraçar, beijar, conversar, elogiar e também orar.

Thank you, Santa ocitocina!

Agora é o momento de abrir o coração e deixar Deus agir. Use essas perguntas para compartilhar suas histórias, suas lutas e descobertas. Juntas vamos rir, chorar, orar e lembrar que somos filhas mimadas de um Pai que conhece cada detalhe da nossa caminhada.

1. Você já viveu um choque cultural ou de expectativa que te ensinou algo profundo?
2. Qual foi a situação mais difícil da qual você conseguiu rir depois?
3. Como o humor pode ser uma ferramenta de sobrevivência emocional?

"Sabemos que todas as coisas cooperam para o bem daqueles que amam a Deus."

ROMANOS 8:28

9.

VOCÊ QUER *DANCE* COMIGO?

"Transformou o meu pranto em dança,
a minha veste de lamento em veste de alegria..."
SALMOS 30:11

HÁ UMA EXPRESSÃO AMERICANA QUE DIZ "*IT TAKES TWO TO dance a tango*" (É preciso de dois para dançar um tango), que expressa a importância de duas pessoas se esforçarem em uma relação, e não apenas uma.

Sentia que tanto Billy quanto eu estávamos saindo de nossa zona de conforto para nos relacionarmos melhor um com o outro. Estávamos muito mais conectados e íntimos. Nossas noites no *Passion Room* nos ajudaram a resgatar aquele casal romântico e divertido que éramos no início da relação e explorar partes de nossa intimidade que não conhecíamos.

Mas meu lado de mulher mimada, ou *doida*, que não se contenta com menos, ainda queria muito trazer o prazer da dança para a relação. Abri meu coração para viver coisas que eram prazerosas para ele, como ir ao Mainardes, aquele supermercado de construção com falta de igualdade de gêneros, e a ajudá-lo a montar e pintar uma mesa para a nossa cozinha. Juro que consegui sentir prazer nesse processo. Mas Billy ainda se recusava a explorar uma de minhas grandes fontes de prazer: a dança!

Ele só dizia: "Um dia farei uma aula de dança com você". Eu queria datas! Sabia que esse "um dia" era um não. Até que algo aconteceu e mudou todos os planos — os dele, no caso.

Abri a gaveta da cozinha e vi um convite — em meu nome e de Billy — de uma organização de caridade para fazermos parte de uma competição chamada *Dança das Estrelas*. A ideia era ter aulas com dançarinos profissionais e iniciarmos a competição com outros casais. Notei que o envelope estava aberto e, assim que Billy chegou em casa, perguntei por que ele tinha escondido isso de mim.

— Desculpa. Tive medo de você se empolgar e me fazer dançar na frente de uma plateia inteira!

— Teve toda razão de ficar com medo, porque dessa vez você não vai escapar! Até porque não vai fazer caridade para mim, mas para ajudar essa organização. Sei como gosta disso. #Apelei

E então "incentivei" meu gringo todo tímido a pegar o telefone e avisar os organizadores de que ele e sua esposa aceitariam o convite por livre e espontânea pressão. Lembro até hoje da cara dele. Olha, ele estava mais nervoso que eu quando tentava ligar para marcar hora na manicure!

Assim, começamos a ensaiar nossa coreografia. A professora era uma mulher muito querida e divertida. Ela nos deixou à vontade imediatamente e disse que podíamos escolher o ritmo e a música. Sugeri uma música bem latina para ensinar meu gringo a dançar salsa, né? Escolhi uma que tinha tudo a ver com a nossa #VidaLoca. (Olá, Rick Martin!)

No primeiro ensaio, olhei no fundo dos olhos — tímidos — azuis (aqueles pelos quais me apaixonei na primeira vez que vi) e falei:

— Você me dá a honra de dançar comigo?

E começamos, juntos, a aprender. As aulas que se iniciaram de forma tensa e tímida, com o tempo passaram a ser um dos momentos mais prazerosos e divertidos de nossa semana. Sim, amiga! Para Billy também! Percebi que ele estava de coração aberto e se esforçando ao máximo para vencer o seu gingado de gringo e aprender novos passos de dança. Percebemos, nesse processo, que relacionamento a dois não é uma corrida na qual um vai na frente do outro, mas, sim, uma dança em que precisamos respeitar o ritmo da música e do movimento do outro.

LUZ, DANÇA... VÔMITO?!

O dia da competição chegou e achei a coisa mais fofa e divertida vê-lo todo vestido como um #AmanteLatino. Ele estava de camisa branca, calça preta e cheio de colares e pulseiras douradas. Ah, um detalhe importante: a camisa não tinha botões, era fechada por velcro. Eu estava com um vestido amarelo rodado e bem brilhante, e o cabelo solto.

Minutos antes de entrar no palco, meu coração batia forte. Não acreditava que aquele momento havia chegado. Sempre quis dançar com Billy e agora estávamos prestes a nos apresentar para quinhentas pessoas! Olhei, então, para o lado e percebi o nervosismo dele.

Meu Deus, e se esse homem tropeçar? E se ele desmaiar?

Respirei fundo e disse algo que há tempos não falava:

— Estamos juntos. Eu te amo, *my love!*

Minutos antes de entrar, ele segurou bem forte minha mão e falou:

— Acho que vou vomitar e desmaiar!

Não era o que eu queria escutar, né? Essa frase atrapalhou um pouco o lindo filme que estava passando em minha mente. Mas, O.K. Só rezei para ele não ter um ataque cardíaco e eu me culpar — pelo resto da vida — por tê-lo forçado a dançar. #Tensa

Quando ele conseguiu se acalmar, pegou minha mão, olhou no fundo dos meus olhos e falou, todo nervoso:

— Quer dançar comigo, Cristianinha? *#MeuGringoRomântico #LembreiDoMeuPai*

As luzes se acenderam e a música começou a tocar. No primeiro passo, percebi que estávamos na mesma sintonia. E a dança fluiu como se só existíssemos nós dois naquele teatro. #TipoSonho

A plateia começou a gritar, assobiar e aplaudir como se estivessem assistindo a um *popstar*! Não foi à toa, amiga. Parecia que o Rick Martin tinha tomado posse do corpo de Billy! Ele rebolava e gingava como um latino ou um brasileiro. De repente, Billy se empolgou ainda mais, largou a minha mão e saiu completamente da coreografia. Meu parceiro "tímido" começou a sambar ao meu redor.

Como assim? Quando ele aprendeu a ter samba no pé?! Meu Deus! O que mais ele vai fazer?!

Mesmo desesperada, estava fingindo que tudo estava dentro do *script*. Mas ele decidiu fazer um *grand finale* abrindo sua camisa e mostrando seu peito branco com todos os colares dourados (o velcro não foi à toa!). A plateia caiu abaixo e o meu queixo também! #Chocada

Assim que a apresentação terminou, perguntei:

— Quando você aprendeu a sambar?

— Não sei, mas me empolguei na hora e lembrei de uma parte do filme *Flashdance*! Lembra que ela começa a girar e mexer os pés bem rápido? Me deu a louca e comecei a fazer isso. Desculpa a minha empolgação e por não ter seguido todos os passos. Estava tão nervoso que acho que o meu corpo precisou se soltar. Que louco o que me deu! Nunca senti isso!

Os outros casais se apresentaram e finalmente veio um dos juízes com o resultado.

— E o casal vencedor de Danças das Estrelas é...

Nós ganhamos!

Sério. Parecia mesmo um sonho, amiga. O prêmio foi uma bola de cristal dessas de discoteca, sabe? Mas, para mim, significou muito mais do que isso. Aquele troféu foi um símbolo de nossa vitória. A vitória de não termos desistido um do outro. A vitória de cairmos muitas vezes desde que nos encontramos, mas, nessas caídas, conseguirmos levantar e descobrir novos passos de dança. Quando me lembro de tudo o que passamos e de quantas vezes eu achei que seria impossível salvar nosso relacionamento...

Saímos da competição e várias pessoas vieram nos cumprimentar. Eu continuava não acreditando. De repente, com várias pessoas em nossa volta, Billy olhou no fundo de meus olhos e disse:

— Participei dessa competição por sua causa. Você sabe que eu estava fora de minha zona de conforto, mas sabia o quanto isso te deixaria feliz. Espero que você saiba disso! Eu não fiz por troféu nenhum, pois meu maior troféu é te fazer feliz! Obrigado por não ter desistido de nós.

Então ele fez algo ainda mais surpreendente, que jamais imaginei: tascou-me um beijo, daqueles de novela mesmo, na frente de todo mundo.

AAAAAAAAAAAAAAAAAH!

O chão sumiu. Parecia que não havia mais ninguém ao nosso redor. Éramos só nós. Como um final de filme romântico. Mas, dessa vez, eu não era uma mera espectadora: eu era a diva principal da história! E, então, me lembrei (mais uma vez) das sábias palavras de meu querido pai: "Lute para ter o melhor dos dois mundos, Cristianinha. Eu sei que vai conseguir. Fui eu que te fiz".

Foi daqueles momentos na vida que tudo parece fazer sentido, sabe? Aqueles momentos em que podemos olhar para trás e ver de onde viemos e onde estamos. Aqueles momentos que nos incentivam a continuar nossa jornada sabendo que passamos, sim, por *desertos* muito difíceis, mas que quando não desistimos da caminhada, chegamos infalivelmente à nossa Terra Prometida, a uma vida com muito mais paixão, prazer e propósito.

Aprendi que é verdade que precisamos de dois para dançar um tango, mas precisamos de apenas um para dizer: "Você me dá a honra de dançar comigo?".

NOVOS PASSOS DE DANÇA...

Nunca imaginei que, nessa competição de dança, estaria comemorando não apenas a vitória do meu casamento, mas a conquista da amiga que tanto queria. Ao olhar para a plateia, podia ouvir os gritos e assobios da querida Trisha! Quem diria que uma simples caminhada pelo bairro com minha filha me faria encontrar minha #BFF. Trisha era a única pessoa naquela plateia que podia compreender o que aquela vitória significava para mim.

Na próxima vez que fui caminhar com a Trisha, depois de orgulhosamente levar para casa o nosso troféu de dança com formato de bola de discoteca que parecia uma melancia brilhante e que ofuscava as xícaras de café na estante de minha cozinha, ela, toda empolgada me pergunta:

— Como você conseguiu transformar seu marido num amante latino? Até agora não acredito no que vi naquele teatro: um americano conservador do *Midwest* sambando! Conta seus segredos. *Please!*

E continuou toda empolgada falando praticamente a mesma coisa...

— Nossa, depois de tudo que contou que estava passando em seu relacionamento, não acreditei no que meus olhos estavam vendo naquela noite! O Billy Johnson, que é todo conservador, estava ali mexendo os ombros e os quadris como um latino. Até tirou a camisa e sambou! Sério, nunca imaginei que fosse ver aquela cena. E o beijo na frente de todo mundo!? *My friend*, aquele momento me deixou feliz por você e por mim, porque agora tenho a esperança de que meu relacionamento também pode mudar. O que você fez?

Como já tinha comentado com Trisha sobre a *Amigas Dance Therapy*, a terapia da dança que estava me deixando mais motivada e empoderada, aproveitei para contar tudo que havia descoberto sobre o poder da ocitocina para aumentar a paixão e o prazer e, claro, sobre o *Passion Room*.

— *Girrrl!* Vocês brasileiros são *crazies*! Se minha avó norueguesa protestante ouvir isso, tampa os ouvidos e sai correndo! E se falar com o meu marido, certeza que ele vai achar que eu fiquei *crazy*!

— Amiga, ser doida de vez em quando é bom! Ficar num relacionamento sem prazer é pura insanidade!!! Por que se contentar com menos sem antes tentar ter mais?

Naquele dia, Trisha me pediu para ajudá-la a fazer uma surpresa para o marido em comemoração aos dez anos de casamento.

— Por que você não vai à minha casa, então, e tenta fazer o milagre de despertar a minha diva e de ensinar essa gringa dura como dançar de uma forma sensual para surpreender meu marido com uma *hot dance*? As crianças vão estar na casa do meu irmão e posso usar o quarto de visitas para criar esse tal de *Passion Room* que você me falou. Assim, eu uso essa data como uma desculpa para começar a fazer a minha relação mais *caliente*. O que acha? *Girrrl*, nem acredito que estou te pedindo isso! *Please*, não conta para ninguém, tá? Estou me sentido uma perdida e pecadora.

— Claro que te ajudo! Vou passar tudo que aprendi para você fazer uma *Passion Night* perfeita e resgatar toda paixão de sua relação!

AMIGAS DANCE THERAPY

Era uma sexta-feira à tarde quando Trisha me ligou contente dizendo que os três filhos passariam a noite na casa do irmão para brincar com os primos e perguntou se eu poderia dar um pulinho por lá. Fui, claro! Ao chegar, vi o quanto ela estava tensa. Aquela menina alegre e espontânea que sempre tinha resposta para tudo deu lugar à timidez e ao nervosismo. Ela logo disse:

— Ai, estou com medo do que vai me ensinar! Mas preciso fazer algo para esquentar meu casamento, para resgatar o prazer do início.

Ela falou da mesmice do casamento, da falta de paixão e pediu para eu ensinar uns passos de dança — algo *sexy* e quente.

— O que seu corpo sente? Como tem vontade de se movimentar?

— Não sei. Sempre fui divertida. Lembro que meu marido e eu sempre ríamos muito, brincávamos. Sabe? Agora, com as crianças, parece que nos esquecemos disso. Apenas aceitamos quem nos tornamos.

— Essa voz do seu corpo precisa gritar! Nosso corpo consegue expressar sentimentos! Como o seu corpo falaria que você é divertida? Que músicas fazem você se sentir sensual?

Trisha mostrou uma lista de músicas. Escutamos, cantamos, brincamos e dançamos livremente. Cada uma à sua maneira, sem passos ensaiados. Ela começou a criar uma coreografia em que ela se sentia bem. Começou a dançar com a alma, movida apenas pelo amor e paixão.

Logo depois, falou:

— Não tenho nenhuma lingerie sensual. Vamos hoje na Victoria's Secret escolher algo?

— Você acha que se não estiver vestindo uma roupa *sexy* não será sensual? A sensualidade não está na roupa que veste, nem na calcinha ou sutiã cheios de rendas e decotes. Você pode usar pijama de bolinhas azuis e se sentir empoderada! A sensualidade está em sua atitude! Sensualidade e poder estão em suas ações, não nas suas roupas.

Passei para Trisha tudo que tinha aprendido para trazer mais prazer e paixão em minha vida, e se escrevesse aqui, daria um novo livro. Mas assim que dançamos e conversamos bastante, ela pediu para eu ajudá-la no último item da lista para a noite perfeita com o marido: decorar o quarto!

Quando cheguei ao quarto, percebi que não havia nenhuma superfície livre para colocar as velas que ela tinha comprado! Cada milímetro da cômoda e mesa de cabeceira estavam lotados de fotos dos três filhos.

Eu amo a minha família! E minha casa sempre teve fotos de todos pela sala, por exemplo. Mas é essencial manter um ambiente mais acolhedor no quarto do casal. Quando o espaço está dominado por fotos dos filhos, não há espaço para o casal! Entende?

Com carinho, expliquei à Trisha que se tirássemos as fotos das crianças, teríamos espaço para as velas e os copos de vinho. Para fazer com que o quarto fosse só deles. E claro que ela manteria todo o resto da casa com fotos e lembranças de seus três filhos. Com bom humor e diversão, colocamos as velas e os preparativos para a noite perfeita.

Quando finalmente terminamos de ajeitar tudo, Trisha me pediu com as mãos tremendo:

— Reze por mim, amiga! Já estou me sentindo uma ovelha pecadora e perdida!

— Deus adora as ovelhas perdidas, Trisha!

E a tal noite aconteceu. No dia seguinte, Trisha deu uma de #AmigaBrasileira e bateu em minha porta sem avisar. Chegou com um cartão agradecendo pelo que ela chamou de aula particular, uma "*Amigas Dance Therapy Class*"!

— Essa foto é para você jamais se esquecer dessa vitória, amiga! E a transformação que passou com seu marido já está inspirando outras transformações, inclusive a minha! Cris! Foi demais! Nossa, nunca tinha me sentido assim: tão *sexy* e poderosa. Parecia que tínhamos voltado à época da faculdade, quando Marcos e eu nos apaixonamos. Hoje de manhã, enquanto fazia o café, ele até deu um jeito de chegar perto de mim e apertar minha bunda chapada de norueguesa! — disse, toda animada.

Rimos muito. Como foi bom ver o entusiasmo — e o prazer — de volta à vida de Trisha. Mas ela queria mais! Começou a me incentivar a contar esses "segredos" para outras mulheres.

— Você precisa criar um *workshop* chamado "*Amigas Dance Therapy*" e passar tudo que aprendeu para sair da depressão e ter mais prazer e paixão em sua vida.

— Oi?! Agora você é que está *crazy*! Imagina, só se for para você falar, né? Meu inglês não é bom o suficiente para fazer um *workshop*.

— Mas você não era uma palestrante reconhecida em seu país?

— Sim, mas falava em português, não em inglês! É completamente diferente. Já é difícil falar em público, imagina em outro idioma. Uma coisa é falar com calma com você, outra é para várias pessoas. Nem pensar! Talvez daqui a uns dez anos, tá?

Queria muito voltar com meu trabalho com mulheres, minha grande paixão, mas por que a ideia de Trisha me pareceu tão absurda? Comecei a notar que estava sabotando o que eu mais queria.

Até que na semana seguinte, quando eu estava na academia me alongando, a Dona Suzana, percebendo que eu tinha emagrecido, perguntou o que eu estava fazendo de diferente. E para o meu desespero, acabei contando sobre o *Amigas Dance Therapy*. Ela imediatamente me convidou para fazer um *workshop* para compartilhar esse conhecimento com as mulheres da academia.

— Que maravilha que você criou essa dança-terapia para ajudar as mulheres a despertar as suas divas e trazerem mais prazer e paixão para as suas vidas! Você tem que fazer um *workshop* aqui. Vamos marcar no mês que vem?

Mesmo amando a ideia, respondi:

— Adoraria, mas não consigo falar tudo isso para um monte de mulheres em inglês. Meu sotaque é horrível e as pessoas não vão me entender. Só de pensar me dá palpitação. Mal consigo ligar no salão para marcar uma unha! Imagina dar uma palestra.

— Que besteira, Cristiane! Seu sotaque é o seu charme, sua marca registrada! Se o seu inglês fosse realmente ruim, como a gente estaria se comunicando agora e eu entendendo perfeitamente tudo o que está falando?

Charme? Oi?! Em vez de ficar feliz com o convite, fiquei nervosa e comecei a perceber o medo e ansiedade que sentia só de me imaginar falando em público... e em inglês!!! #Nunca

AMIGAS®
BOOK CLUB

Agora é o momento de abrir o coração e deixar Deus agir. Use essas perguntas para compartilhar suas histórias, suas lutas e descobertas. Juntas vamos rir, chorar, orar e lembrar que somos filhas mimadas de um Pai que conhece cada detalhe da nossa caminhada.

1. Qual foi o último momento em que você se permitiu brincar e se divertir sem culpa?
2. Como recuperar a leveza em meio à vida adulta cheia de responsabilidades?
3. A intimidade emocional ainda faz parte da sua dança interior?

"Transformou o meu pranto em dança,
a minha veste de lamento em veste de alegria..."
SALMOS 30:11

10.

DOIDA DE RAIVA!

"Irai-vos e não pequeis;
não se ponha o sol sobre
a vossa ira."

EFÉSIOS 4:26

TODA SEMANA SUZANA ME COBRAVA, MAS EU NÃO TINHA CORAGEM. Sabe quando sua alma quer, mas seu cérebro barra? Você já se sentiu assim?

Quem sou eu para passar essas mensagens para outras mulheres?

Enquanto eu tentava me acalmar, outras desculpas surgiam em minha cabeça:

É melhor esperar e entrar em um intensivão de inglês. Ou de repente ensinar tudo para minha amiga Trisha passar a mensagem. Acredito, sim, que isso pode contribuir com a vida de algumas mulheres que, assim como eu, podem ter se perdido com a correria, o estresse e as frustrações. Assim, eu não teria que passar a vergonha de falar e ninguém me entender.

AAAAAAH! Que pensamentos prisioneiros irritantes! Achei que já sabia lidar com eles.

Você já se sentiu impotente assim? De querer tanto fazer uma coisa, mas não conseguir? Parece que algo te impede!

Por que não consigo me libertar disso? Eu dava palestras no Brasil para mais de dez mil mulheres e agora não consigo nem pensar na possibilidade de passar essa mensagem que tanto me ajudou para outras mulheres porque estou com muito medo.

Até que um dia acordei chateada, pensando no convite da Suzana e em como me sentia aprisionada pelas minhas desculpas, medos e inseguranças, e desabafei com Billy:

— Não sei o que fiz da minha vida! Estou aqui com medo de aceitar o convite de falar para um grupo de mulheres em uma simples academia. Como pode? Eu achava que era uma mulher corajosa, e agora tenho medo de falar com a recepcionista para marcar uma simples unha!

— Calma, meu amor, é normal sentir insegurança, não importa o idioma que falamos. Todos nós podemos nos sentir assim diante de algo novo.

— É fácil para você falar quando nunca saiu do seu país e nem tentou falar outro idioma.

Saí da cozinha batendo os pés, com raiva, e fui para o quarto, chateada. É, a vida sempre nos surpreende, né? Achei que depois da competição de dança tudo fosse ser perfeito. Mas não! A vida não é como nos filmes que acaba com um "final feliz" e um letreiro no final. A vida continua, e com isso, precisamos enfrentar novos desafios e aprender novos passos de dança.

Como um filme, tudo passou pela minha cabeça: minha trajetória de vida, minha carreira. Caramba! Quantas barreiras venci no Brasil. Quantas portas fechadas encontrei, mas consegui bater e entrar em algumas delas. Lembrei de todos os "nãos" que recebi, mas que eventualmente me levaram aos "sims" mais bonitos que poderia ter.

Quem era a mulher insegura e medrosa em quem eu tinha me transformado? Não sei. Só sei que comecei a culpar — de novo — todo mundo. É, amiga, quando a gente se coloca em lugar de vítima, é isso que acontece. Naquela noite, culpei todos ao meu redor, como se estivessem contra mim, especialmente Billy. Ele conhecia meu trabalho, sabia o quanto amava o que fazia e o quanto trabalhei duro para conquistar o que tinha no Brasil. E teve a coragem de me fazer abandonar tudo e me trazer para um lugar onde o Judas perdeu as botas e congelou o pé!

Quando coloquei minha filha para dormir, Billy percebeu que estava acontecendo alguma coisa. Tentou me abraçar e fazer o nosso "momento do carinho" para receber o nosso *shot* diário de ocitocina. Eu o empurrei. Estava um vulcão borbulhando por dentro e procurando alguém para expelir toda essa lava de raiva.

— O que aconteceu? — Billy perguntou.

Aí explodi de vez:

— Larguei tudo por você! Você não sabia que minha carreira e a paixão que tinha em empoderar mulheres eram muito importantes para mim?! Quando estávamos namorando, você falou que não poderia se mudar para o Brasil porque tinha o seu trabalho e as suas filhas, e se eu quisesse que essa relação continuasse, teria que me mudar para os Estados Unidos. Você foi um egoísta que não pensou em mim!

— Você está me culpando como se eu tivesse pegado você pelos cabelos e a trazido à força? Eu me lembro que você me falou que poderia mudar sem problemas, e jamais tocou no assunto de sua carreira. Se você tivesse me falado alguma coisa, a gente poderia ter encontrado uma forma de você continuar trabalhando no Brasil algumas vezes ao ano. Muitas pessoas fazem isso. Eu não imaginava o quanto você se sentia mal.

— Mas você só pensou em você! Em morar no SEU país, manter o SEU trabalho, viver na SUA cultura e em ficar perto das pessoas e das coisas que VOCÊ valoriza! E EU?!

E então Billy me deu uma resposta que tocou fundo em minha alma e serviu como uma granada atacando valores e crenças antigas na minha mente:

— Você está me culpando por eu ter valorizado o que eu amo e você não?

Oi?! Nessa hora eu queria não entender inglês e voar no pescoço dele. #VerdadeDói

Comecei a chorar. A tristeza tomou conta do meu coração. Billy me deu um abraço forte e falou:

— Sei que foi difícil o que você fez, e sei o quanto dói. Eu me apaixonei por aquela Cris cheia de criatividade e alegria que fazia plateias no Brasil inteiro rirem e se emocionarem. Mas ela não morreu, ela só mudou de país. Não deixe sua insegurança te aprisionar. As mulheres precisam da mensagem que você tem para passar. Mas você não vai expressar a sua voz se realmente não valorizá-la primeiro.

— Por favor, Billy, me deixa sozinha um pouco. Eu preciso pensar. Estou cansada de me sabotar!

Depois de usar o primeiro elemento do FATOR C.R.A.S.Y. e abraçar o meu cansaço, usei o segundo fator e reconheci que o sentimento que estava por trás dele era um sentimento muito difícil de sentir, engolir e confessar...

— Que RAIVA!!!!!!!

ABENÇOADA RAIVA

Eu escolhi deixar o Brasil. Eu escolhi deixar minha carreira para ocupar o trabalho de honra de ser dona de casa e cuidar de minha filha. E eu escolhi também culpar o Billy pelas minhas escolhas! Que raiva!!!

Você já sentiu, por trás de seu cansaço, uma raiva tão forte que dá até medo?

Se a sua resposta for sim, não se assuste! Você está sentindo uma das emoções mais poderosas para impulsionar a sua transformação. Eu sei que não é fácil assumir esse sentimento. Como mulheres, aprendemos desde criança que temos que ser "meninas boazinhas". Raiva é um sentimento perigoso, coisa de mulher desequilibrada e, até mesmo, louca. Aposto que você já ouviu isso pela vida.

O dicionário traz várias definições de raiva — desde doença até fúria —, mas a raiva da qual estou falando é a que o dicionário define como um "desejo intenso", "uma reação violenta contra aquilo que fere, irrita e aborrece".

A raiva que eu estava sentido, e que muitas vezes você sente, faz parte do instinto de todo animal que se sente frustrado ou ferido. É uma emoção que nasce de nosso instinto de proteção. Tente ferir uma gata mansa e vai ver suas garras imediatamente reagindo.

Onde estão suas garras? O que você faz quando se sente ferida? Dá uma de coitadinha e vítima como eu fiz por muito tempo? Ou abraça a sua raiva e luta contra a injustiça?

Aprendi a reprimir a minha raiva, e como uma "boa cristã", eu ouvia constantemente que tinha que procurar "fazer aquilo que Jesus faria". Mas se eu começasse a expressar a minha raiva, por exemplo, virando a mesa da sala, todos me chamariam de louca! Mas foi exatamente isso que Jesus fez quando viu que o templo estava sendo transformado em um mercado. Ele ficou tão bravo pela falta de respeito que começou a virar as mesas!

Quando nossa raiva é motivada pelo desejo de justiça, não precisa ser reprimida, e sim expressada de forma construtiva. #ExpresseSuaRaiva

Aquela conversa difícil com o Billy me fez perceber que se eu quisesse resgatar o meu direito de expressar a minha voz e a mulher criativa, ousada e independente que um dia fui, eu precisaria virar a mesa!!!!

E você, está precisando virar a mesa em alguma área da sua vida também?

Quando citei mulheres doidas que nos inspiram, como Maria da Penha e Rosa Parks, acredito que elas jamais teriam conseguido iniciar a grande revolução em suas vidas se não tivessem abraçado sua raiva e mostrado suas garras!

A autora americana Rebecca Traister lançou seu livro *Good and Mad* (*Boa e brava*, não publicado no Brasil), em que fala que um dos motivos de não expressarmos a nossa raiva é o fato de a raiva da mulher nunca ter sido valorizada e aceita na sociedade. Quando um homem a expressa, é visto como forte, viril. Já quando uma mulher demonstra raiva, ah, ela é desequilibrada!

> Essa raiva, tão instrumental para o crescimento e o progresso da nação, nunca foi celebrada e raramente foi notada na cultura dominante. Como mulheres, nunca somos elogiadas por nossa raiva.

Não sei em qual situação você se encontra hoje; o que eu sei é que não é justo ver uma mulher com grande potencial ser desvalorizada, diminuída ou reprimida, principalmente... por ela mesma. Isso é uma injustiça!

Se você está cansada e com raiva de alguma injustiça em sua vida, não adianta dar uma de "boazinha" ou vítima, até porque, até hoje, não conheci nenhuma "coitadinha" que conseguiu mudar a vida e revolucionar o mundo. Você já?

Enquanto reprimimos poderosos sentimentos como a raiva e culpamos o mundo pela situação em que estamos, damos o nosso poder de transformação para o outro e nos paralisamos. Quando temos a coragem de nos responsabilizarmos, temos capacidade de mudar e temos força para fazer novas escolhas.

Lembro que depois daquela discussão que tive com Billy, consegui agradecê-lo pelas palavras difíceis, mas verdadeiras, que ouvi. Fui para o nosso quarto e decidi fazer uma das terapias mais poderosas que podemos fazer... DAR PANCADA NO TRAVESSEIRO!

#HoraDeLutar

AMIGAS®
BOOK CLUB

Agora é o momento de abrir o coração e deixar Deus agir. Use essas perguntas para compartilhar suas histórias, suas lutas e descobertas. Juntas vamos rir, chorar, orar e lembrar que somos filhas mimadas de um Pai que conhece cada detalhe da nossa caminhada.

1. Como você lida com a raiva? Expressa, reprime ou transforma?
2. Que situações despertam sua fúria mais profunda?
3. O que você aprendeu sobre si mesma quando explodiu?

"Irai-vos e não pequeis;
não se ponha o sol sobre
a vossa ira."

EFÉSIOS 4:26

11.

HORA DA MINHA *FREEDOM*

"Para a liberdade foi que Cristo nos libertou. Permanecei, pois, firmes..."

GÁLATAS 5:1

DEPOIS DAQUELA SESSÃO DE PANCADA QUE EU TANTO PRECISAVA — ou #BoxTerapia —, decidi investigar mais a fundo quais os padrões de pensamentos que mais estavam aprisionando minha mente, sequestrando minha coragem e sabotando meus sonhos.

Quem são esses pensamentos prisioneiros?

Além de começar a pesquisar TUDO que eu podia encontrar sobre esse assunto na minha área de psicologia, com esse sentimento de raiva que me dominava, eu peguei aquela velha Bíblia novamente para ler. Mas, dessa vez, eu não a peguei com as minhas mãos, mas com minhas garras!!! Eu olhei para aquelas páginas e me dei não apenas a liberdade poética de imaginar como seria se *Moisés fosse Mulher,* mas como a Bíblia seria se fosse um *Manual de Guerra*!

Foi então que me deparei com a parte da história em que Moisés encontra Deus pela primeira vez. E foi exatamente essa parte que me ajudou a detectar os *3 Pensamentos Prisioneiros* que mais aprisionavam a minha mente e me impediam não apenas de aceitar aquele convite da para dar palestra na academia, mas de cometer mais loucuras saudáveis em minha vida.

Essa passagem da história diz que quando Deus apareceu no deserto para Moisés pela primeira vez e o escolheu para ser o líder que libertaria o seu povo das mãos escravizadoras do faraó no Egito, em vez de se sentir honrado ou feliz, Moisés imediatamente respondeu:

> "Mas quem sou eu para falar com o faraó e tirar do Egito os filhos de Israel?"
>
> ÊXODO 3:11

Enxerguei nessa resposta minhas próprias inseguranças e os questionamentos que me fazia naquela época:

Quem sou eu para dar palestra em inglês e fazer o que amo?

Imediatamente, reconheci o *pensamento prisioneiro* da *perfeição*.

Na minha tentativa de descobrir a origem desse tipo de padrão de pensamento, recordei do trabalho de um dos psicoterapeutas mais influentes de todos os tempos, e que já comentei com você: Aaron Beck. Ele não apenas transformou a psicologia ao desenvolver a Terapia Cognitiva, como teve grande influência em meu trabalho como terapeuta.

Beck acredita que pessoas deprimidas, como eu estava, desenvolvem três visões negativas: *sobre si mesmas, sobre o mundo e sobre o futuro*. Ele deu a esses padrões de pensamentos o nome de "pensamento automático", já que não precisam ser motivados para surgir. É de repente! Quando você percebe, pá! Lá estão eles atormentando sua mente. Eles aparecem de acordo com a forma como interpretamos as situações do dia a dia, o que está muito baseado em nosso *foco mental*, onde colocamos a nossa atenção.

MAS QUEM SOU EU?

Foi então que observei que o PERFECCIONISMO pode roubar nosso PRAZER quando nosso foco está mais em nossa PERFORMANCE do que no PRESENTE. Calma, vou te explicar melhor...

Enquanto eu pensava em como o meu inglês tinha que ser "perfeito" para eu "arrasar" na minha *performance*, em vez de focar no momento *presente* e aceitar a maneira como eu podia falar hoje, eu não conseguia abrir a boca e sair dessa minha *gaiola*. #MeTiraDaqui!!! #EuQueroFalar!!!

Passei os meus primeiros dois anos nos Estados Unidos criticando não apenas meu jeito de falar inglês, mas a cultura norte-

-americana, o frio de Fargo e o jeito como meu marido me tratava. Minha mente focava em como eu queria que as pessoas e as coisas fossem, e não conseguia sentir prazer em como as pessoas e as coisas eram. Olhava para Billy e para as outras pessoas com o mesmo olho crítico que aprendi olhar para mim!

Vemos que, por trás do questionamento de Moisés, "E se não for eu?", provavelmente tinha uma mente que estava mais focada em quem ele achava que deveria ser do que no momento presente, em estar diante de Deus. A sensação que tive foi de que Moisés se perdeu em uma mente cheia de dúvidas, medos e inseguranças, sabe? Em nenhum momento se percebe que ele está feliz e sentindo prazer na presença de Deus.

O perfeccionismo nos sequestra do presente, rouba nosso prazer e nos aprisiona numa mente que vive na ilusão de que podemos controlar a nossa performance, os outros e — no meu caso — até a posição "perfeita" do papel higiênico! #AindaSofroDisso #DeCima-ParaBaixo #Sempre

Acredito que por trás da cabine de controle do faraó que comanda o perfeccionismo, existe uma arrogância e um orgulho mascarados como "querer fazer o meu melhor". Uma coisa é querer melhorar, outra é acreditar que você e os outros NUNCA são bons o suficiente, como eu achava do meu inglês e como, talvez, Moisés pensou de si mesmo.

Em Gênesis, vemos que um dos anjos mais belos foi expulso do Paraíso por seu orgulho de querer saber e ser mais perfeito que Deus. Esse anjo caído é chamado por muitos de *diabo,* uma palavra que significa em grego, *aquele que divide*. Acredito que quando queremos ser "perfeitas", metaforicamente nos sentimos separadas não apenas das pessoas — e de nós mesmas —, mas dessa força maior. Por isso, caímos num abismo de estresse, preocupação e insegurança no qual queremos fazer tudo do nosso jeito e, claro, de maneira perfeita, como Deus! #InsanidadeGarantida

Demorou para eu aprender que não há inferno maior do que viver uma vida se criticando e perdendo a oportunidade de amar quem verdadeiramente somos!

Brené Brown, pesquisadora da Universidade de Houston sobre vulnerabilidade, coragem, empatia e vergonha, falou em seu livro *A coragem de ser imperfeito: "É preciso coragem para ser imperfeito. Aceitar e abraçar as nossas fraquezas e amá-las. E deixar de lado a imagem da pessoa que devia ser, para aceitar a pessoa que realmente sou."*

Quantas oportunidades você já perdeu por achar que não estava pronta ou não era "perfeita o suficiente"?

Quantas pessoas tirou de sua vida por acreditar que não eram "perfeitas" para você?

O QUE VÃO PENSAR DE MIM?

Ai, que medo de falar em inglês! E se eles não me entenderem ou tirarem sarro de mim? Eu não posso aceitar o convite da Suzana. De jeito nenhum!!!

Enquanto estava sofrendo de medo e ansiedade, ao continuar lendo a Bíblia me identifiquei com o segundo questionamento de Moisés, e acabei notando o segundo *pensamento prisioneiro* que atacava constantemente minha mente: a PREOCUPAÇÃO exacerbada:

> "Mas e se eles não acreditarem em mim, e nem derem atenção ao que vou falar?, disse Moisés depois de ouvir que Deus estaria com ele todo o tempo."
>
> ÊXODO 4:1

Oi, preocupação!

E, então, falou para Deus algo que mexeu muito comigo:

— *Ó Senhor, nunca tive facilidade para falar, nem antes nem agora... Quando começo a falar, sempre me atrapalho.* (Êxodo 4:10)

Não se sabe ao certo que tipo de dificuldade Moisés tinha para falar, mas quando li essa parte, não parei de pensar nas preocupações que tinha em relação a minha dificuldade em falar inglês e o medo de ser julgada pelos outros. Depois do episódio do *rabo* — opa, quer dizer, *unha* —, fiquei tão preocupada em passar pela mesma coisa que nunca mais tentei! E agora estava prestes a perder a minha primeira oportunidade de começar a minha carreira como palestrante nos Estados Unidos. #PrecisoDeAjuda!!!

Percebi que a preocupação exacerbada começa a sequestrar a nossa paz quando nossa mente está mais focada em PROBLEMAS — principalmente no que as pessoas *podem pensar* — do que em nossa verdadeira PAIXÃO.

Quando penso em um dos motivos para Deus ter escolhido um homem simples, inseguro — e barbudo! — como Moisés para ser um líder, acredito que não foi por suas grandes capacidades, mas pelo tamanho de seu coração — a paixão que sentia pelo seu povo.

A palavra *paixão* implica *sacrifício,* e começou a ser muito usada para expressar a "paixão de Cristo", que se sacrificou pelo próximo. Moisés era tão apaixonado por seu povo que sacrificou a sua vida boa no palácio para salvar apenas um israelita! Lembra que ele decidiu assassinar o egípcio?!

Eu não gostava muito dessa ideia de que, para termos paixão, precisamos nos sacrificar. Mas quando aprendi que a palavra *sacrifício* vem do latim *sacro,* que significa *tornar sagrado,* passei a ver os sacrifícios que precisei fazer na minha vida não como uma *renúncia,* mas como um ato de ver como sagrado aquilo que muitos consideram ordinário.

Enquanto eu me preocupei com o que as pessoas iriam pensar do meu inglês, e não com minha paixão por contribuir com a qualidade de vida de outras mulheres, eu não conseguia me sacrificar para pegar o telefone nem para falar com uma única mulher para marcar hora na manicure, quanto mais melhorar o meu inglês para dar palestras para muitas!

O que você precisa começar a ver como sagrado hoje em sua vida?

Muitos acreditam que a preocupação é originada do medo do futuro, de nosso mecanismo de defesa que quer nos proteger e evitar a dor a qualquer custo. Mas sabendo que nosso cérebro não é capaz de prever o futuro, mas apenas de imaginá-lo, acho que o que nos paralisa não é o medo do futuro, mas o medo de sentirmos as dores do passado, que influenciam as nossas crenças — o faraó interior que influencia nossos pensamentos e escolhas. Lembra? Eu tinha arrepios só de pensar em me sentir a "Cristianinha café-com-leite rejeitada" como me senti na infância. #MulherTraumatizada

Moisés também passou por um caso de rejeição. Ele foi abandonado numa cesta no meio do rio e adotado pela filha do rei egípcio. Teve que fugir do palácio para não ser assassinado pelo rei que o acolheu. Nasceu hebreu, foi criado como egípcio e se casou com uma mulher de outra tribo. Cresceu na riqueza e no conforto de um palácio e acabou no deserto como um simples pastor de ovelhas. Imagina isso?! Com tantas rejeições que passou, claro que se preocupar com a opinião do outro em vez de focar na paixão que tinha pelo seu povo era quase inevitável.

E você, está focando mais na opinião das outras pessoas do que em sua verdadeira paixão?

E SE NÃO FOR AGORA?

"Não, Senhor. Por Favor, mande outra pessoa." (Êxodo 4:13)

Essa foi a terceira resposta de Moisés que chamou minha atenção e me fez observar o terceiro e último *pensamento prisioneiro* que atacava minha mente: a PROCRASTINAÇÃO.

Daqui a uns três anos, quando eu me sentir segura com meu inglês e o meu sotaque diminuir, vou começar a dar palestras e trabalhar em minha área novamente.

Esse é o único momento em que Deus fica bravo com Moisés, e não culpo Deus. Até porque, é realmente uma injustiça ver o potencial de uma pessoa ser sabotado pela *procrastinação.*

Percebi que procrastinar sequestra o nosso POTENCIAL quando nosso foco mental está mais em nosso limitado PODER PESSOAL do que no ilimitado PODER DE DEUS. Acredito que se Moisés realmente soubesse quem era esse Deus que prometeu estar ao seu lado a todo o momento, não ficaria com tanto medo ao ponto de querer passar a sua missão para uma outra pessoa.

Quantas coisas eu procrastinei na minha vida para fazer na próxima segunda-feira, ou no próximo ano, porque fui treinada a me basear apenas nos meus próprios recursos e nas minhas capacidades limitadas, e não no poder de uma força maior? Como foi difícil, para mim, compreender o poder que existe em acreditar no Deus da minha avó Geny! #SalveVovó

Quando pensamos nesses 3PPs, não precisamos ir muito longe para associá-los aos pensamentos automáticos que Beck descobriu. Pense em uma pessoa perfeccionista, por exemplo: o foco de sua mente está mais em melhorar a sua performance do que no prazer do presente, porque ela tem uma CRENÇA que a faz ter uma visão negativa de si mesma.

Já quem vive preocupado com possíveis problemas, principalmente o julgamento de outras pessoas, tem crenças que a fazem ter uma visão negativa do mundo. E quem procrastina por desenvolver uma visão negativa do futuro acaba focando mais em sua força para evitar futuros perigos do que confiar em uma força maior.

Agora deu para compreender um pouco mais a influência que suas crenças — o seu faro interior — e o seu foco mental têm no desenvolvimento desses 3PPs?

Lembrando que a crença mais importante que temos e que define a nossa identidade é a crença em quem acreditamos que somos. Ao me ver como a "Cristianinha-café-com-leite-rejeitada", eu passei a acreditar que não mereço ser aceita — e, muito menos, receber amor! Com isso, lógico que estar em um lugar como Fargo, longe do conforto do meu castelo tropical, tendo que me expressar em outra língua e me conectar com pessoas de outra tribo, acabou fazendo a minha mente focar em tudo que reforçava a minha crença de não ser aceita e rejeitada. *Capisci?*!

Eu não sei se você sente que, em alguma área da sua vida, sua mente está sendo bombardeada por um — ou pelos 3PPs — ou até mesmo por outros pensamentos prisioneiros que não abordei, mas que, independentemente de como você pensa ou se sente, espero que você não deixe escapar oportunidades lindas que vão bater na sua porta com receio de abri-la, como eu fiz. É triste demais olhar para a porta pela qual você sempre quis entrar, mas não ter coragem de colocar a mão na maçaneta!

Uma das oportunidades bateram na minha porta e eu me arrependo até hoje, só de lembrar — mas vou te contar porque ela ilustra bem como a procrastinação e os outros dois pensamentos prisioneiros estão interligados, mesmo que eu os tenha separado para explicar melhor.

Em uma de minhas conversas ao telefone com Malu, de Los Angeles... (a mulher do Roberto, lembra? Aquele casal tão querido que me acolheu e conheceu o Billy naquele dia que ele me surpreendeu no restaurante depois que voltou do festival de San José?). Pois bem, a Malu sabia de tudo que eu estava passando em Fargo e de toda minha trajetória como escritora e psicóloga de mulheres no Brasil, e contou que a sua mãe era amiga da escritora norte-americana Elizabeth Gilbert. Aquela de *Comer, Rezar, Amar*, sabe? Sim, o best-seller que virou filme em Hollywood estrelado por Julia Roberts. #SouFãDasDuas

Na época, ela não era tão famosa e ainda estava casada com um brasileiro, aquele do qual chegou a falar no livro. Aliás, foi a mãe da minha amiga quem o apresentou à Elizabeth. #BabadoQuente

— Cris, você tem que conhecer essa amiga da minha mãe. Tá na hora de você voltar a trabalhar com mulheres novamente. A Elizabeth é uma pessoa e uma escritora maravilhosa! Quem sabe ela te dá alguns conselhos ou até te indica um agente editorial aqui nos Estados Unidos. Anota o e-mail dela...

Demorei para me conectar com a Elizabeth, pois ficava preocupada imaginando o que ela poderia pensar de mim e do meu trabalho. E o meu perfeccionismo me fazia escrever o e-mail MILHARES de vezes em minha mente, mas não tinha coragem de enviar.

Com isso, acabei demorando demais para fazer o primeiro contato. Até o dia em que decidi enviar! Alguns dias depois, Elizabeth respondeu supersimpática, dizendo que gostaria de saber mais detalhes sobre meu livro.

Deveria ter ficado feliz com essa resposta, né? Não! Em vez disso, o território da minha mente foi atacado por mais *perfeccionismo, preocupação* e *procrastinação:*

E se ela não gostar de mim e achar que eu sou uma péssima escritora? (Hello, perfeição!)

E se meu livro não for bom o suficiente para a cultura norte-americana? (Olá, preocupação!)

E se for melhor eu esperar e entrar em contato quando tiver um material melhor? (Oi, procrastinação!)

Percebi que por trás de cada um desses *pensamentos prisioneiros*, tem a voz de nosso faraó interior, sempre nos questionando e nos fazendo duvidar de nós mesmas.

No caso do *perfeccionismo*, observei em minha vida e na vida das mulheres com quem trabalhei que ele é aquela voz do faraó interior nos questionando: "E se não for você?". E com isso, acaba influenciando a crença que temos em relação a nossa IDENTIDADE: QUEM SOU.

Já a *preocupação*, muitas vezes, de uma forma sutil, nos coloca a dúvida: "E se não for desse jeito?", e nesse caso, o faraó influencia a crença que temos em relação às nossas HABILIDADES: COMO FAÇO.

E a *procrastinação* é aquela constante pergunta dentro de nós: "E se não for agora?", influenciando nossa AGILIDADE, a nossa capacidade de tomar decisões: QUANDO AJO.

Por viver na Terra do "E se...", evitei ao máximo enviar parte do meu livro, porque escolhi acreditar nesses pensamentos em vez de focar no presente, na minha paixão por escrever e no poder de Deus que estava comigo. Quando finalmente consegui enviar um e-mail, tive a resposta:

"Querida Cris, te desejo toda sorte do mundo, mas a Oprah descobriu meu livro e estamos fazendo um programa inteiro sobre ele. Não sei como a minha vida vai estar depois disso. Acho que ficarei muito ocupada, mas entre em contato comigo mais para frente!".

Será que se eu não tivesse demorado tanto para me conectar com ela novas oportunidades iriam ter surgido dessa conexão?

Não sei. Não sei se Elizabeth iria mesmo ler meu livro, me ajudar com a minha carreira de escritora nos Estados Unidos ou se iríamos nos encontrar para tomar um cafezinho e eu ter a oportunidade de conhecer uma mulher fascinante! O mais triste é que nunca vou saber, pois nunca enviei um e-mail para ela novamente. E por não ter me arriscado a errar, eu não me dei a chance de acertar. #ClubeDasArrependidas

Anos depois, quando a Elizabeth estourou como uma das escritoras mais reconhecidos no mundo, eu li um artigo em seu website onde ela dá um conselho para escritores que tocou fundo no meu coração: *"Não rejeite você mesma. Esse é o trabalho deles, não o seu. O seu trabalho é apenas abrir seu coração, escrever e deixar o destino tomar conta do resto"*.

Aquela frase ficou ecoando na minha cabeça... Suas palavras não apenas tocaram meu coração, mas serviram como uma chave que abriria devagarinho a porta que bloqueava a minha criatividade e aprisionava a verdadeira voz da minha alma. Esse é o poder das palavras!

Não cometa o mesmo erro que cometi. Se hoje esses 3PPs estão rodeando sua mente, despeça-se do trabalho árduo de se rejeitar! Escreva, HOJE, o e-mail que está digitando em sua mente, faça aquela ligação que tanto deseja, e não permita que esses pensamentos tirem o seu direito de escrever um dos capítulos mais fascinantes da sua história de vida...

AMIGAS®
BOOK CLUB

Agora é o momento de abrir o coração e deixar Deus agir. Use essas perguntas para compartilhar suas histórias, suas lutas e descobertas. Juntas vamos rir, chorar, orar e lembrar que somos filhas mimadas de um Pai que conhece cada detalhe da nossa caminhada.

1. Qual foi o momento em que você disse "sim" para a sua própria liberdade?
2. Quais medos precisaram ser vencidos para você começar algo novo?
3. O que significa ser livre de verdade para você?

"Para a liberdade foi que Cristo nos libertou. Permanecei, pois, firmes..."

GÁLATAS 5:1

12.

YES!, O FATOR C.R.A.S.Y.

"Levanta-te, resplandece, porque já vem
a tua luz, e a glória do senhor nasce sobre ti."
ISAÍAS 60:1

ALGO COMEÇOU, DE FATO, A MUDAR EM MIM DEPOIS QUE COmecei a ler a Bíblia como um Manual de Guerra. Quem diria?! As respostas para muitas de minhas aflições estavam mais perto do que eu imaginava — no livro que minha querida avó fez questão de me dar no aeroporto! Ah, Dona Geny, quão sábia você era!

Depois de descobrir esses três padrões de pensamentos que mais tentavam me sabotar, e depois de compreender um pouco mais sobre o funcionamento da minha mente, tomei a decisão de começar a utilizar no meu dia-a-dia O FATOR C.R.A.S.Y., que passei a desenvolver no decorrer dos *desertos* difíceis da minha vida.

Os dias se passaram e, em uma manhã nublada de sábado, enquanto estava tomando café da manhã com Billy, sem pensar muito, olhei para o telefone e CANSADA de perder oportunidades na minha vida, RECONHECI a raiva que sentia em aprisionar a minha voz por todo esse tempo, e decidi ASSUMIR o meu desejo de voltar a dar palestras. Assim, me inspirei a SEGUIR caminhando rumo ao meu objetivo, INDEPENDENTEMENTE DE COMO PENSO E SINTO!

E mesmo pensando que eu iria fazer papel de ridícula, peguei o telefone na mão, e quando ouvi "*Hello*", travei!

Era como se minhas cordas vocais estivessem amarradas umas às outras. Queria desligar (como sempre fiz), mas lembrei que não estava sozinha e que podia escolher SEGUIR com o meu plano mesmo pensando em desistir, porque como já falei, nossas AÇÕES lideram nossas EMOÇÕES. E mesmo nervosa, consegui falar: "*Hello?! Hello?!*".

Tive que repetir duas vezes o meu nome e o horário. No final, me desculpei e disse que não falava muito bem inglês. Do outro lado ouvi a risada gostosa de uma mulher dizendo:

— Não se preocupa com isso. Sou do Vietnã e também não falo inglês muito bem, mas aqui a gente se entende.

Rimos juntas! Mal sabia que havia encontrado uma das melhores manicures de Fargo, que se tornaria, também, uma amiga muito querida! #MinhaDalvaAmericana

Fazer essa ligação foi o primeiro passo para conquistar um dos territórios mais preciosos que eu tinha perdido: a minha voz! Mas pensar em falar em público em inglês, para um grupo de mulheres, ainda me assustava — e MUITO!!!

E essa próxima conquista só foi possível quando comecei a refletir mais profundamente sobre as dúvidas e inseguranças de Moisés e me fiz a pergunta:

Como Moisés conseguiu expressar a sua voz para libertar uma nação se, assim como eu, tinha uma mente cheia de medos, dúvidas e inseguranças?

O QUINTO — E ÚLTIMO ELEMENTO DO FATOR C.R.A.S.Y.

Mesmo feliz com minha vitória de finalmente conseguir falar ao telefone para marcar a manicure, quando pensava em meu desejo de voltar a dar palestras e aceitar o convite de Suzana, meu coração batia tão forte de ansiedade que parecia que eu desmaiaria de medo!

E na minha maluquice de imaginar como seria se Moisés fosse Mulher, eu não entendia como ele não precisou de nenhuma terapia para se libertar de suas amarras mentais e conseguir realizar seu propósito de vida.

Mas o que está por trás dessa coragem?! Como ele conseguiu dizer *yes* mesmo sendo atacado pelos 3PPs?

Pensamento vem, pensamento vai, descobri a resposta que modificou totalmente minha visão e vida. Enquanto a psicologia me ensinou a importância de transformar nossas *crenças limitantes* em *crenças libertadoras*, ou pensamentos "negativos" em "positivos", como muitos gostam de falar, ao mergulhar na sabedoria contida nessa história bíblica, aprendi que mais importante do que *acreditar* é *conhecer*!

Confuso? No começo também achei. Mas, no fundo, é bem simples. "Acreditar" significa aceitar que uma ideia seja verdadeira; já "conhecer" é perceber diretamente, ter experiência e estar consciente da verdade. Entende?

Acredito que o que realmente impulsionou Moisés a aceitar seu chamado, além de decidir SEGUIR em direção à Terra Prometida, mesmo com medos e inseguranças, foi algo muito maior do que apenas acreditar: ele *conheceu* o poder Deus.

Quando continuamos a ler a história fascinante de Êxodo, vimos que quanto mais o faraó resistia em ouvir o pedido de Moisés para libertar o seu povo da escravidão, mais pragas Deus enviava para castigar os egípcios. Por meio de manifestações sobrenaturais, como fazer o rio virar sangue, o Mar Vermelho se abrir… e assim, tanto Moisés quanto o seu povo começaram a realmente conhecer o — e não apenas acreditar no — poder milagroso de Deus.

E foi esse conhecimento que eu acredito ter motivado Moisés a fazer o que toda pessoa que quer cometer uma loucura e revolucionar a sua vida faz: ele utilizou o último FATOR C.R.A.S.Y. e mesmo com muitos medos, dúvidas e receios ele disse:

— *YES*!!!

Crença sem conhecimento não passa de uma ideia ou de uma simples teoria. Por isso, quando uso o modelo cognitivo que mostra que são nossas crenças que influenciam nossas emoções, eu coloco o "conhecimento" acima das crenças. Porque conhecer está acima das nossas crenças!

Portanto, não fique preocupada em pensar "positivo" o tempo todo ou procurar livros e terapias para vencer a "guerra" contra as suas crenças "negativas". Comece a fazer paz com sua crenças e pensamentos, incluindo os 3PPs! Até porque, não importa o que suas crenças e pensamentos te falem: quando você conhece quem você verdadeiramente é e — principalmente — aquele que te criou, ninguém te segura!

Por exemplo: eu não acredito que sou brasileira, tenho o conhecimento de que SOU, pois essa consciência vem de minha experiência, e não interessa se alguém disser o contrário e gritar no meu ouvido: "Cris, você é sueca! Tenho certeza que é!". Nada vai me convencer disso, pois sei exatamente de onde vim e quem sou!

O psiquiatra Jung foi muito criticado por ter falado em uma de suas entrevistas: "Eu não acredito em Deus, eu o conheço!". Quanto mais conhecemos Deus e quem verdadeiramente somos por meio de seus olhos, mais nos libertamos das opiniões de quem o mundo acredita que temos que ser e nos jogamos como uma criança livre e confiante em seus braços.

Claro que isso não quer dizer não fazer nada e só contar com Deus, tá? Temos, sim, que fazer a nossa parte, mas não querer ser Mulher-Maravilha em tudo e sempre. Ouvi de um rabino, uma vez, algo que carrego em meu coração:

"Se esforce e faça tudo que estiver ao seu alcance como se milagres e Deus não existissem. Depois, tenha fé que todos os seus esforços, de alguma forma, serão compensados por Ele."

Após entender a diferença entre *acreditar* e *conhecer*, passei a confiar mais em Deus.

Foi aí que tive a coragem de — mesmo TREMENDO DE MEDO! — seguir com o meu plano de ligar para a Suzana da academia e aceitar o convite...

E o dia da minha primeira palestra nos Estados Unidos, enfim, chegou!

E, com ele, o nervosismo!!!! Acordei cedo e, para a minha surpresa, na mesa do café da manhã tinha um buquê de flores com uma mensagem carinhosa do Billy:

Cris, esse é o seu dia!

Chega de se prender, o mundo precisa de você.

I love you,

Billy

Gente, meu amado pai tinha razão quando me incentivou a transformar o meu gringo num amante latino. *Que romântico o que ele fez por mim! #Apaixonada*

Depois de agradecer o seu carinhoso gesto e dar um beijo bem gostoso para liberar MUITA ocitocina, tomamos café juntos, e Billy me ajudou com algumas partes da minha palestra em que eu ainda me sentia insegura. Tomei um banho demorado para relaxar, pois estava uma pilha de ansiedade! Ao abrir o armário para escolher uma roupa, peguei sem pensar o vestido preto, daqueles coringas para esconder as gordurinhas e alongar. Não o vestia há alguns meses e seria perfeito para o dia. Mas, para minha surpresa, não serviu.

Estava LARGO!

Caramba! Todos os quilos extras tinham, enfim, ido embora. Mas o que mais sentia não era menos peso em meu corpo, era menos peso em minha mente, sabe?

Guardei o vestido e coloquei uma roupa mais descontraída: uma calça de algodão preta confortável que usava antes da gravidez e uma blusa básica. Antes de sair de casa e entrar no carro, dei um beijo na minha Luiza, olhei bem profundamente nos olhos azuis lindos do Billy e saí em direção a minha primeira palestra nos Estados Unidos...

#QueMedo!!!!

Enquanto andava em direção à sala, com o coração palpitando de ansiedade e minhas mãos suando, comecei a ter uma CRISE DE PÂNICO!

Socorro, me tira daqui!!! Vou culpar o glúten, falar que estou com diarreia e fugir!!!

Eu não conseguia dar mais um passo para a frente. Fiquei literalmente paralisada na entrada da academia, olhando para o bastão da porta!

Esse último elemento do FATOR *C.R.A.S.Y.* não é *pra mim. Eu estou tão desesperada que não estou conseguindo nem falar um sim, quanto mais yes em inglês! Help me!!!!!*

E o que me fez começar a mover as minhas pernas e SEGUIR em direção à sala foi lembrar do que Deus falou para Moisés ao ouvir seus questionamentos e perceber que ele queria desistir...

Quando Moisés questiona Deus com frases como "quem sou eu?", "mas eu não falo direito", "o que os outros vão pensar?", "é melhor chamar outra pessoa", Deus não fala nada para "empoderar" ou encher a bola de Moisés como: "Moisés, você é poderoso", "Você é capaz", "Moisés Maravilhoso!"... Deus simplesmente responde:

— Vai e eu estarei com você!

Como se estivesse assistindo a um filme na minha mente, comecei a relembrar momentos na minha história de vida em que senti que Deus estava do meu lado...

Quando, ao orar no meu quarto no Brasil naquela manhã de sábado, tive o sonho que me levou a encontrar Billy...

Quando minha filha estava na UTI e, ao clamar por ajuda, senti uma paz sobrenatural e no mesmo dia ela teve alta...

E lembrei também de quantas vezes eu chorei e pedi ajuda para conseguir falar inglês, pelo menos para marcar um horário para fazer a unha — e hoje eu estava em frente à porta que me abriria a oportunidade de dar a minha primeira palestra nos Estados Unidos!

Ao começar a agradecer a Deus por esses momentos, mais do que reconhecer o seu poder, comecei a sentir e experienciar pela primeira vez na minha vida um dos seus maiores milagres: o Seu amor! Comecei a sentir um amor indescritível, que até hoje sinto dificuldade em expressar com palavras....

Um amor exagerado, gostoso e intenso que me fez sentir uma paz imensa e uma aceitação incondicionalmente tão profunda que fez todos os meus medos e inseguranças desaparecem como um uma breve brisa.

E nesse momento especial, em que senti o amor de Deus de uma forma que nunca tinha sentido antes, eu me lembrei das palavras do meu amado pai me dizendo: "Eu sei que você vai conseguir, porque fui eu que te fiz!".

E sem pensar duas vezes, abri aquela porta com as minhas garras e disse:

— *YES!!!!*

E caminhei em direção à sala para dar a minha palestra EM INGLÊS...

DIA DE MILAGRE

Assim que entrei na sala, não com medo como eu estava, mas sentindo uma paz inexplicável, olhei para aquelas mulheres curiosas para ouvir o que eu tinha para falar e disse:

— Minhas *friends*, se vocês entenderem o que vou falar hoje com esse sotaque forte que tenho, vai ser dia de milagre!

Após três longos segundos de silêncio, todas elas começaram a gargalhar! E eu, claro, ri ainda mais com elas... Depois de muito mais risos, danças — incluindo samba! — e momentos emocionantes, meu primeiro *Amigas Dance Therapy* finalmente acabou. #Ufa!

Ao final da palestra, enquanto estava guardando meus materiais e a maioria das participantes já tinha ido embora, uma mulher veio falar comigo com os olhos lacrimejando e um bilhete com as palavras *thank you* nas mãos:

— Obrigada. Meu nome é Julia e você não sabe o bem que me fez hoje.

E começou a contar a sua história... Contou que não estava mais aguentando viver porque tinha perdido um filho em um acidente de carro e a dor da perda era insuportável! Havia escrito sua carta de adeus para seus amigos e família na noite anterior ao *Amigas Dance Therapy*. E só havia aceitado o convite de ir à palestra pois seria a última oportunidade de ver a amiga que a tinha convidado.

— Vim porque pensei que era a última vez que olharia nos olhos de minha amiga, e que seria apenas uma aula divertida de dança. Mas quando você começou a falar sobre sua depressão e como não apenas a psicologia, mas sua fé em Deus te ajudaram a se levantar e a criar um novo passo de dança, algo acendeu em mim. Não imaginava que, ouvindo sobre as batalhas que enfrentou, eu iria me inspirar a lutar pela minha! Esse simples bilhete que escrevi para você é o símbolo do início de uma nova fase em minha vida, pois o final da história que escrevi ontem à noite, vou rasgar assim que entrar em casa.

Quando ela terminou de falar, eu não conseguia dizer uma palavra. A única coisa que consegui fazer foi abraçá-la e chorar de emoção, sentindo imensa gratidão. E, naquele momento, tudo fez sentido pra mim: as batalhas que enfrentei, as lágrimas que derramei, os tombos que levei e as danças que dancei. Aquele abraço uniu nossos corações e nossas lágrimas lavaram todas as barreiras que poderiam nos separar. Naquele momento, não éramos brasileiras ou americanas; morenas ou loiras; éramos apenas pessoas. Éramos mulheres! Éramos guerreiras! Éramos *crazies*! E, juntas, encontramos forças para rasgarmos os papéis de uma história que não queremos mais contar, e começar a escrever um novo capítulo... Quem diria que, um dia, eu olharia para essas mulheres de Fargo como parte de mim, e sentiria tanto calor humano numa das cidades mais frias do mundo! #MilagresExistem

Depois dessa linda experiência que passei na minha primeira palestra nos Estados Unidos, e após sentir o amor divino de uma forma tão real e tão tangível, eu compreendi que "o amor verdadeiro afasta o medo" (1 João 4:18) e cheguei à conclusão de que Deus estava certo quando me revelou por meio daquele sonho: "Vá para Los Angeles que você vai encontrar o seu GRANDE AMOR"... Eu só não sabia que o "grande amor" que iria encontrar, era, na verdade, o Dele!

E esse amor, na minha opinião, é o território mais precioso que podemos conquistar em nossas mentes, corações e vida... a nossa Terra Prometida!

AMIGAS®
BOOK CLUB

Agora é o momento de abrir o coração e deixar Deus agir. Use essas perguntas para compartilhar suas histórias, suas lutas e descobertas. Juntas vamos rir, chorar, orar e lembrar que somos filhas mimadas de um Pai que conhece cada detalhe da nossa caminhada.

1. O que você precisa deixar morrer em você para renascer mais inteira?
2. Quais sabotadores internos mais atrapalham sua caminhada?
3. Como você pode fortalecer o seu "sim" à sua essência?

"Levanta-te, resplandece, porque já vem a tua luz, e a glória do senhor nasce sobre ti."

ISAÍAS 60:1

13.

ANOS DEPOIS DE TANTAS LOUCURAS...

"Porque eu bem sei os planos que tenho para vocês, planos de fazê-los prosperar e não de causar dano, planos de dar a vocês esperança e um futuro."

JEREMIAS 29:11

NÃO ACREDITO QUE AS PRIMEIRAS PALAVRAS DESTE LIVRO FORAM escritas há nove anos e que tantas Cristianes diferentes passaram por estas páginas!

Depois da primeira palestra naquela academia em Fargo, as coisas começaram a acontecer na minha vida de uma forma que nunca imaginei! Eu acabei ministrando palestras não apenas em Fargo, mas em vários lugares do mundo, e acabei sendo convidada para participar de dois *TEDx Talk* — uma das plataformas de palestra mais reconhecidas no mundo! #MeBelisca

Depois de começar a me conectar com mulheres de várias partes do mundo, eu decidi abrir uma ONG chamada "*Women's Impact*" (Mulheres Impactantes), com o objetivo de criar "*my club*", no qual TODAS as mulheres da cidade seriam *welcome* (bem-vindas) — inclusive a Carminha de Fargo, que não apenas participou dos nossos encontros, como se tornou voluntária! #QuemTemPazPerdoa. Com todo esse trabalho, eu acabei sendo nomeada pela revista *Glamour* norte-americana como uma das heroínas dos Estados Unidos. #MeBeliscaNovamente

Billy e eu continuamos casados. São vinte anos de união e, hoje, me sinto mais apaixonada por ele do que quando o conheci, naquele *brunch* em Los Angeles. Nossa filha, Luiza, está com dezenove anos, e não nega o seu sangue brasileiro — ama dançar e eu amo acompanhá-la em suas competições de dança! #DanceMom

Nossa filha mais velha, a Isa, está com trinta anos e mora no deserto que nos uniu, Los Angeles, onde trabalha como cantora e compositora. Já Zara, de 28 anos, vive na Flórida, onde está terminado a faculdade de comunicação e tem uma filha linda. Então, além de madrasta, me tornei oficialmente uma "vódrasta". #FamíliaModerna #MaisUmClube

E depois de quase oito anos sofrendo com as dores, lutas e emoções da chamada *segunda infertilidade,* a nossa família foi finalmente abençoada com o nascimento do nosso filho William, que está hoje com nove anos e chegou para bagunçar e animar o nosso mundo! #MaisUmMilagre #OutroLivro

Ah! E a Trisha continua sendo uma das minhas melhores amigas, e ainda bate carteirinha na depilação! #BrazilianWax

Nossa, nem acredito como o tempo passou tão rápido!

Hoje, continuo lendo a Bíblia como se ela fosse meu "Manual de guerra para a mulher moderna", e assim que nosso pequeno Will crescer mais, quero voltar a estudar. Mas dessa vez, em vez de tentar compreender a mente do homem, como fiz por muitos anos, desejo estudar Teologia e, como Eisntein falou: "Quero conhecer os pensamentos de Deus".

Minha querida avó Geny continua orando e conversando com Deus, mas agora ela realmente tem contato direto e pessoal com ele. Em nossa última conversa por telefone, quando falei que não via a hora de chegar ao Brasil para vê-la e comer o melhor bolo de banana do mundo, ela falou:

— Ai, filha... Não sei, não. Estou cansada. Pedi a Deus que quero voltar pra casa e ficar perto Dele.

Duas semanas depois de nossa conversa, o pedido da minha avó foi atendido. Claro! Até porque, como ela mesma sempre dizia: "Quando eu oro, Deus me escuta!". #TeAmoMuitoVeinha #VocêFaz-Falta #SaudadesDoSeuBolo

Durante o processo deste livro, sofri perdas irreparáveis, ganhei aprendizados impagáveis e, durante todo esse tempo, como falei na introdução, procurei compartilhar a minha vida sem filtros e máscaras. Por isso, aproveito este momento para usar as palavras de Oswaldo Montenegro na canção "Metade" e pedir que "a minha loucura seja perdoada, porque metade de mim é amor, e a outra metade também".

Meu maior desejo é que todas as histórias e conhecimentos que compartilhei te inspirem a cometer muito mais loucuras em sua vida! Por isso, não leve esta leitura muito a sério, até porque: "A sabedoria deste mundo é loucura aos olhos de Deus." (1 Coríntios 3:19). E lembre-se que quando decidimos dar uma de doida, além de sermos criticadas, podemos ser também bombardeadas com aqueles pensamentos prisioneiros nos dizendo:

E se não for você?

E se não for desse jeito?

E se não for agora?

Não perca seu tempo tentando convencê-los do contrário, deixe eles falarem o que quiserem, e diga para você mesma:

YES! Sou eu!

YES! É desse jeito mesmo!

YES! É agora!

E continue a sua caminhada rumo à Terra Prometida...

E caso você seja chamada de *doida* ou de *crazy*, simplesmente responda:

"Muito obrigada pelo elogio!"

AMIGAS®
BOOK CLUB

Agora é o momento de abrir o coração e deixar Deus agir. Use essas perguntas para compartilhar suas histórias, suas lutas e descobertas. Juntas vamos rir, chorar, orar e lembrar que somos filhas mimadas de um Pai que conhece cada detalhe da nossa caminhada.

1. Que frutos você já colheu da sua própria "loucura santa"?
2. O que você ainda espera viver daqui para frente com leveza e fé?
3. Que tipo de legado você deseja deixar com a sua história?

"Porque eu bem sei os planos que tenho para vocês, planos de fazê-los prosperar e não de causar dano, planos de dar a vocês esperança e um futuro."
JEREMIAS 29:11

O CAPÍTULO QUE NÃO FOI PUBLICADO

SÓ DEUS SABE A EMOÇÃO QUE SINTO AO ESCREVER (E FINALmente publicar!) este último capítulo...

O capítulo que infelizmente não foi incluído quando este livro foi lançado, em 2020 — um dos anos mais desafiadores da nossa geração, marcado pela pandemia. O ano com o qual eu tanto sonhei, pelo qual esperei com ansiedade, porque seria o momento de lançar este livro e compartilhar com o mundo uma história que ficou guardada por muito tempo no fundo da minha alma (e do meu computador).

Eu imaginava o lançamento no Brasil. Fechava os olhos aqui em Fargo, sentada na minha cadeira preferida (aquela que a gente sabe que já devia ter doado, mas que nos abraça como um urso carente), e me via autografando livros, abraçando leitoras, ouvindo histórias e rindo até chorar.

Mas aí veio o cancelamento. O lançamento do meu livro foi cancelado. São Paulo, Rio de Janeiro... tudo desmarcado. E eu me vi de volta em Fargo, trancada em casa como tantas de vocês — cuidando dos filhos nas aulas on-line, reaprendendo a viver no silêncio e encarando perguntas que, na pressa da rotina, sempre empurrava para depois.

Mas, entre o caos e a pausa forçada, algo precioso nasceu: uma reconexão com o essencial. Com a minha família. Com o silêncio. Com Deus. A vida me obrigou a parar. E quando a gente para, a alma fala.

Foi ali que percebi o quanto este livro precisava ter um fim. O verdadeiro fim. Aquele que eu escondi.

Até hoje me custa acreditar que concordei em censurar as páginas que contavam o momento mais transformador da minha vida. Que, por medo do julgamento, escondi o nome mais importante de toda essa história. Você percebeu?

Este livro começou com uma mulher perdida. Cansada de ser "normal" e de sentir que vivia uma vida pela metade. Uma mulher que, no fundo do desespero, ousou duvidar da existência de Deus.

Mas, aos poucos, mergulhada nas histórias da Bíblia como quem se joga num divã, fui vendo os milagres que Deus fez na vida de Moisés... e Ele começou a fazer na minha.

Mas há um nome que nunca apareceu até agora. O nome que mudou tudo. O nome mais precioso da minha vida. Jesus Cristo. Sim, amiga. Jesus.

Mas por que escondi? Porque quando eu tinha dezoito anos, vivi um trauma que ainda hoje é difícil de colocar em palavras. E o nome de Jesus ficou associado a essa dor. Ficou preso ao julgamento, à impotência, à hipocrisia... e ao medo. Então eu fugi.

Fugi de Jesus como se Ele fosse o causador da ferida, e não o curador. Como se o nome Dele doesse mais do que salvasse. Como se amar fosse perigoso demais. Mas a graça... a graça não desiste da gente. E foi aí que tudo mudou.

No dia 20 de novembro de 2010, viajei de Fargo para a cidade que marcou a minha história: Los Angeles — o lugar onde conheci meu marido. Fui fazer um curso sobre trauma para terapeutas. Mal sabia que, naquele curso, lidaria com feridas que eu nem imaginava ainda carregar — inclusive o trauma que vivi aos dezoito anos.

Foi então que aconteceu.

Naquela sala, naquele dia, eu vivi uma experiência sobrenatural que abalou todas as minhas estruturas. A mente analítica de uma psicóloga — que um dia se considerou ateia — foi completamente confrontada. Tudo em que eu acreditava, tudo o que eu entendia como real, tudo o que eu pensava sobre fé... foi transformado. Ali, Ele me encontrou. E tudo na minha vida começou a ser transformado de uma forma que eu nunca imaginaria.

Até hoje, quando lembro dessa experiência — e a conto para outras pessoas — é difícil de acreditar. E então, quinze anos depois, aqui estou... Escrevendo o último capítulo da nova edição deste livro —

que antes se chamava *Doidas no divã*, e agora chega às suas mãos como *Amor no divã*.

Porque, no final das contas, o que me fez começar este livro foi amor. O que me fez continuar foi amor. E o que me transforma todos os dias... é o amor de Jesus. E foi esse amor que me mudou. Não apenas naquele dia 20 de novembro de 2010. Mas hoje. Agora. Enquanto escrevo estas linhas.

Hoje, eu não escrevo apenas como sua escritora, sua amiga, sua psicóloga... mas também como pastora. Acredite se quiser... em 2025, fui ordenada pastora. E aí você me pergunta: "Como assim, Cris? Você virou pastora?", "Que trauma foi esse que te fez fugir de Jesus?", "O que aconteceu no dia 20 de novembro de 2010 que transformou tudo?".

Bom, amiga, para responder tudo isso, preciso te encontrar no meu próximo livro. Enquanto isso, quero que você receba o *crazy* amor de Deus. Porque esse amor... não é normal. E desejo que você, esteja onde estiver, tenha coragem de seguir a voz de Deus. De obedecer ao Seu chamado. Mesmo que o mundo te chame de louca. Porque, como diz a Bíblia: "A loucura de Deus é mais sábia que a sabedoria humana" (1 Coríntios 1:25).

Até mais, minha amiga.

#AtéMais #AsCuriosasQueMePerdoem #NotTheEnd #LoveU-Amigas #AmorNoDivã #CrazyGrace

AGRADECIMENTOS

GRATIDÃO QUE NÃO CABE NO MEU CORAÇÃO...

Este livro nasceu de risos inesperados, de lágrimas escondidas, de noites em claro e de sonhos que teimam em não dormir. Ele atravessou desertos, foi embalado em orações sussurradas e alimentado por silêncios cheios de significado. E se ele chegou até suas mãos, é porque Deus quis contar uma história por meio da minha vida. E eu oro para que, de alguma forma, Ele transforme a sua.

Que este livro te abrace em algum lugar que talvez ninguém veja, mas onde você mais precisa. Que desperte em você o que andava adormecido e te lembre do que você nunca deveria ter esquecido.

Com o coração cheio de gratidão, quero reconhecer cada pessoa que foi parte desta travessia.

À minha família, obrigada pelo apoio, pelo carinho. Vocês são minha base, meu lar, meu refúgio.

Às minhas amigas e aos amigos que me incentivam, me seguram pela mão nos dias difíceis, me fazem rir quando tudo pesa... vocês sabem quem são. E eu nunca esquecerei.

À editora Buzz e toda a equipe incrível que tratou cada palavra deste livro com respeito, paixão e sensibilidade, meu reconhecimento e carinho.

Às leitoras que caminharam comigo nas páginas anteriores e me encheram de força com suas mensagens e histórias. Vocês fazem esse trabalho ter sentido.

E às novas leitoras que agora seguram este livro nas mãos: obrigada por me permitirem entrar no seu mundo. Que esta leitura seja mais do que palavras — que seja um encontro.

E, acima de tudo, minha gratidão a Deus, por transformar minha dor em propósito e meus passos em pontes. Se este livro chegou até você, não foi por acaso.

Com amor,
Cristiane Marcil

Dados Internacionais de Catalogação na Publicação (CIP)
(Câmara Brasileira do Livro, SP, Brasil)

Marcil, Cristiane
Amor no divã: O destino, o desabafo e as orações de uma mulher imperfeita em busca do amor perfeito! /
Cristiane Marcil
1ª ed. São Paulo: Buzz Editora, 2025
272 pp.

ISBN 978-65-5393-493-1

1. Experiências – Relatos 2. Marcil, Cristiane
3. Mulheres – Autobiografia Mulheres – Histórias de vida
5. Narrativas pessoais 6. Superação I. Título.

25-285261 CDD 920.72

Índice para catálogo sistemático:
1. Mulheres: Autobiografia 920.72

Aline Graziele Benitez, Bibliotecária, CRB 1/3129

Publisher ANDERSON CAVALCANTE
Executiva CÉFARA MORAES
Coordenador editorial NESTOR TURANO JR.
Editoras SIMONE PAULINO e LAURA CAMANHO
Editoras assistentes LUISA TIEPPO e ÉRIKA TAMASHIRO
Assistente editorial BEATRIZ FURTADO
Preparação VANESSA ALMEIDA e VICTÓRIA GERACE
Revisão JÚLIA RIBEIRO, TAMIRES CIANCI, BRUNA PARONI e MARIANA GOMES
Direção de arte GABRIELA CASTRO
Designer LETÍCIA DE CÁSSIA e ADRIANA SUZUKI
Imagem de capa LENISSE KOMATSU
Design de capa ADRIANA SUZUKI

Comercial VANESSA ALMEIDA, TACIANE FERREIRA, TAÍRES PEREIRA e ALINE CRUZ
Comunicação e marketing LEONARDO CAVARZAM, ISABELLE PELOZZO, RAFAELLA RHEIN e ANA CLARA DE OLIVEIRA
Eventos MARISA MARIANNO e RAYANA ALANA
Operações VERA DANTAS, FLÁVIO BOMBARDI, WILLIAM ARAÚJO, RAFAEL VALENTIN e ZENI MARTINS DOS SANTOS

Nesta edição, respeitou-se o novo Acordo Ortográfico da Língua Portuguesa.

Buzz Editora Ltda.
Av. Paulista, 726, Mezanino
CEP 01310-100, São Paulo, SP
[55 11] 4171 2317
www.buzzeditora.com

Fontes TIEMPOS, REGAL e BAGOSS
Papel PÓLEN BOLD 70 G/M²
Impressão IMPRENSA DA FÉ